別冊 NBL / No.174

民法（親子法制）等の改正に関する中間試案

商事法務　編

 株式会社　商事法務

は し が き

　法務大臣の諮問機関である法制審議会の民法（親子法制）部会（部会長：大村敦志・学習院大学法科大学院教授）では，令和元年7月から，民法（親子法制）等の見直しに関する調査審議が行われている。

　同部会は，令和3年2月9日に開催された第14回会議において，「民法（親子法制）等の改正に関する中間試案」を取りまとめた。この中間試案は，同年2月25日，事務当局である法務省民事局参事官室の責任において作成された「民法（親子法制）等の改正に関する中間試案の補足説明」とともに公表され，広く国民一般の意見を求めるため，同年4月26日までパブリック・コメントの手続が実施される。

　そこで，本書では，公表されたこれらの「民法（親子法制）等の改正に関する中間試案」及び「民法（親子法制）等の改正に関する中間試案の補足説明」を中間試案の概要の紹介とともに一冊にまとめることとした。

　本書が，上記中間試案の内容をより多くの方に理解いただく契機の一つとなれば幸いである。

　令和3年4月

商事法務

目　次

民法（親子法制）等の改正に

諮問の内容

　児童虐待が社会問題になっている現状を踏まえて民法の懲戒権に関する規定等を見直すとともに，いわゆる無戸籍者の問題を解消する観点から民法の嫡出推定制度に関する規定等を見直す必要があると考えられるので，その要綱を示されたい（諮問第108号）。

審議の経過

令和元年６月	法務大臣による諮問
令和元年７月～	民法（親子法制）部会における調査審議開始
令和３年２月	中間試案の取りまとめ
令和３年２月～４月	パブリックコメント

懲戒権に関する規定等の見直し

議論の内容

【現状】

　親権者は，監護教育のために必要な範囲内で，子を懲戒することができる（民法第822条）。
　⇒　児童虐待を正当化する口実になっているとの指摘。

【中間試案】

第１　懲戒権に関する規定等の見直し

○　監護及び教育に関する一般的な規律の見直し
　監護及び教育に関する一般的な規律である民法第820条に，「親権を行う者は，監護及び教育に際して，子の人格を尊重しなければならない」との規律を加える。

○　懲戒権に関する規定の見直し
　甲案：民法第822条を削除する。
　乙案：親権者は，監護教育のために必要な指示及び指導をすることができる。ただし，体罰を加えることはできない。
　丙案：親権者は，監護教育を行うに際し，体罰を加えてはならない。

関する中間試案（概要）

法務省民事局　令和３年２月

嫡出推定制度に関する規定等の見直し

【現状】

① 婚姻成立の日から200日を経過した後又は婚姻の解消等の日から300日以内に生まれた子は，（元)夫の子と推定する。

② この推定は夫が子の出生を知った時から１年以内に嫡出否認の訴えを提起しない限り，覆すことができない。

⇒ 無戸籍者問題の原因との指摘

【中間試案】

第２　嫡出の推定の見直し等

○ 婚姻成立後に生まれた子は，婚姻成立の日から200日以内に生まれた子であっても，夫の子と推定する。

○ 婚姻の解消等の日から300日以内に生まれた子は，元夫の子と推定する(現行法どおり)。ただし，母が元夫以外の男性と再婚した後に生まれた子は，再婚後の夫の子と推定する。

第３　女性の再婚禁止期間の見直し

○ 女性の再婚禁止期間に関する民法第733条の撤廃を検討

第４　嫡出否認制度の見直し

○ 否認権者を未成年の子に拡大する。
（子の否認権は，母又は未成年後見人が代わって行使する。)

○ 母の否認権については，その要否を引き続き検討

○ 嫡出否認訴訟の提訴期間を伸長することとし，夫が子の出生を知った時(子又は母の場合は子の出生時)から３年間とする案と５年間とする案を引き続き検討

その他の検討事項（中間試案第５ないし７）

○ 成年等に達した子による嫡出否認の当否につき引き続き検討

○ 第三者の提供精子により生まれた子の父子関係に関する検討

○ 認知制度の見直しについて，引き続き検討　　　　　　ほか

（出典）法務省ホームページ掲載資料〈http://www.moj.go.jp/content/001342624.pdf〉

「民法（親子法制）等の改正に関する中間試案」について

編集部

Ⅰ　中間試案の公表に至る経緯

　法務大臣の諮問機関である法制審議会に設置された民法（親子法制）部会（部会長：大村敦志・学習院大学法科大学院教授。以下「本部会」という。）は，令和元年 7 月に民法の懲戒権及び嫡出推定制度に関する規定等の見直しについて調査審議を開始し，令和 3 年 2 月 9 日の第14回会議において「民法（親子法制）等の改正に関する中間試案」（以下「中間試案」という。）を取りまとめた。これを受けて，事務当局である法務省民事局参事官室は，同月25日，中間試案を，その責任において作成した「民法（親子法制）等の改正に関する中間試案の補足説明」とともに公表し，電子政府の総合窓口e-Govのホームページに掲載してパブリック・コメントの手続を実施するとともに，関係各界に対して意見照会を行っている。

　中間試案は，【甲案】，【乙案】又は【丙案】が併記されている箇所があることからも明らかなとおり，民法（親子法制）部会におけるこれまでの審議結果を中間的に取りまとめたものであって，確定的な案を示すものではないとのことである。また，【甲案】，【乙案】又は【丙案】の間に優劣はないとのことである。

Ⅱ　中間試案の概要

　本試案は，「第 1 」から「第 7 」までで構成されており，懲戒権に関する規定等の見直し（「第 1 」），嫡出の推定の見直し等（「第 2 」），女性の再婚禁止期間の見直し（「第 3 」），嫡出否認制度の見直し（「第 4 」），成年等に達した子の否認権の新設（「第 5 」），父子関係の当事者の一方が死亡した場合の規律の見直し（「第 6 」），嫡出推定制度の見直しに伴うその他の検討事項（「第 7 」）の 7 項目について，それぞれ一定の考え方が提

示されているが，その概要は，次のとおりである。

1　懲戒権に関する規定等の見直し（「第1」）

ここでは，①懲戒権に関する規定（民法第822条）の見直しのほか，②監護及び教育に関する一般的な規律の見直しについて一定の考え方が提示されている。

①については，従前より親権者の懲戒権が児童虐待の口実に使われることがあるとの指摘があったほか，令和元年の児童福祉法等の改正法により，親権者による体罰の禁止が法定化されたこと，同改正法の附則において，懲戒権の在り方に関する検討条項が設けられたことなどを踏まえ，児童虐待を防止する観点から検討されたものであり，【甲案】，【乙案】及び【丙案】の3案が併記されている。具体的には，民法第822条を削除したとしても，親権者は，民法第820条に基づき，監護教育を行うことができることを前提としつつ，懲戒権が児童虐待を正当化する口実とされてきたことから，児童虐待が許されないものであることを明確にするため，「民法第822条を削除する。」という考え方（【甲案】），「懲戒」の表現を改める必要がある一方で，その場合には，子の監護教育に必要なしつけもできなくなるとの懸念があることから，「親権を行う者は，その子に対し，第820条の規定による監護及び教育のために必要な指示及び指導をすることができる。ただし，体罰を加えることはできない。」と改める考え方（【乙案】），親権者は，民法第820条に基づき，監護教育を行うことができることを前提としつつ，体罰を加えることが許されないことを明らかにするため，「親権を行う者は，第820条の規定による監護及び教育を行うに際し，体罰を加えてはならない。」と改める考え方（【丙案】）である。

②は，監護教育権について定める民法第820条に，新たに「親権を行う者は，監護及び教育に際して，子の人格を尊重しなければならない。」との規律を加えるものである。これは，現行法の下においても，「児童虐待」（児童虐待防止法第2条）に当たるものや，罵詈雑言等の子の人格を傷つけるような行為については，民法第820条の「監護及び教育」に必要かつ相当な範囲を超えるものとして許されないと解されているところ，このような行為を許容しないということを明確にする必要があることなどを踏まえて検討されたものである。

2　嫡出の推定の見直し等（「第2」）

嫡出の推定の見直しについては，①婚姻成立後200日以内に生まれた子に関する規律の見直し，②婚姻の解消等の日から300日以内に生まれた子に関する規律の見直し等について一定の考え方が提示されている。

①は，婚姻成立後200日以内に生まれた子については，婚姻中に懐胎した場合でない限り，夫の子と推定されない（いわゆる推定されない嫡出子）という現行の規律を見直し，妻が婚姻前に懐胎した子であっても，妻の婚姻成立後に出産した子であるときは夫の子

と推定するものである。これは，いわゆる推定されない嫡出子については，嫡出子として出生届を提出することができるものの，民法第772条の嫡出推定が及ばず，いつまでも父子関係を否定される可能性があるため，その法的地位を安定させる必要性が高いことや，婚姻成立後200日以内に出生した子についてはその99％以上が婚姻後の夫の子として出生届が提出されていることなどを踏まえて検討されたものである。

　②は，婚姻の解消等の日から300日以内に生まれた子は，前夫の子と推定するという現行の規律の例外として，妻が前夫以外の男性と再婚した後に出産したものは，再婚後の夫の子と推定するという規律を設けるものである。これは，夫以外の者との間の子を出産したものの（前）夫の協力を得られない母や，夫からの家庭内暴力を受けている母などが，戸籍上その子が（前）夫の子と記載されることを避けるために出生届を提出しないことがあり，このことがいわゆる無戸籍者の問題が生ずる一因となっているとの指摘を踏まえ，無戸籍者の問題を解消する観点から，上記①の規律とともに検討されたものであり，その適用範囲については，婚姻の解消原因にかかわらず，一律に再婚後の夫の子と推定するという考え方（【甲案】）と，婚姻の解消原因が前夫の死亡の場合を除き，再婚後の夫の子と推定するという考え方（【乙案】）がある。なお，いずれの考え方によっても，否認権の行使により再婚後の夫の子であるという推定が否認されたときの効果は，再婚後の夫と子との間の父子関係は出生の時に遡って消滅し，子は出生の時から前夫の子と推定するとしている。

3　女性の再婚禁止期間の見直し（「第3」）

　これは，女性の再婚禁止期間は嫡出の推定の重複を避けるために必要であるとされているところ，上記2②の見直しをした場合には，その必要性がなくなることなどから，女性の再婚禁止期間を撤廃するものである。具体的には，上記2②の【甲案】を前提として，女性の再婚禁止期間を定める民法第733条を削除するという考え方（【甲案】）と，上記2②の【乙案】を前提として，同条を削除した上で，前夫の子であるという推定と再婚後の夫の子であるという推定とが重複する場合には，父を定めることを目的とする訴えにより父を定めるという考え方（【乙案】）である。

4　嫡出否認制度の見直し（「第4」）

　嫡出否認制度の見直しについては，①夫の否認権の見直し，②子及び母の否認権の新設，③再婚後の夫の子と推定される子についての前夫の否認権の新設について一定の考え方が提示されている。

　①は，夫が提起する嫡出否認の訴えの行使期間について，夫が子の出生を知った時から1年間とする現行の規律を見直し，その期間を3年間又は5年間に伸長するものである。これは，現行の規律に対しては，夫が否認権を行使するための期間として短すぎるため，夫が十分に否認権を行使することができていないとの指摘があることなどを踏ま

えて検討されたものである。

②は，夫のみに否認権を認める現行の規律を見直し，未成年の子又は母にも否認権を認めるものであり，２案が併記されている。いずれの案も，上記２と同様に無戸籍者の問題を解消するなどの観点から検討されたものであり，母が否認権を行使することができる点で共通しているが，母に固有の否認権を認めるだけの固有の地位ないし利益があるかどうかにより考え方が分かれている。具体的には，子が法律上の父子関係の一方当事者であることから，子に否認権を認めることとして，子の母又は子の未成年後見人にその否認権を代わって行使することを認めるという考え方（【甲案】）と，子に否認権を認めることを前提としつつ，子の母は，子と夫の間の法律上の父子関係について，子から独立した立場で利害関係を有すること等から，母にも固有の否認権を認めるという考え方（【乙案】）である。

③は，前記２②の規律により再婚後の夫の子と推定される子について，前夫が子の出生を知った時から３年又は５年以内に限り，前夫に否認権を認めるものである。これは，このような子について，真実は前夫がこの生物学上の父であるときに，前夫が子の法律上の父となることを可能とする必要があるとの指摘があることなどを踏まえて検討されたものである。なお，前夫の否認権の行使を無条件に認めると子の利益に反する事態が生じ得ることから，その行使に当たっては，再婚後の夫と子との間に生物学上の父子関係がないことに加え，一定の要件を課すこととし，２案を併記している。具体的には，訴訟要件として前夫と子との間に生物学上の父子関係があることを必要とするという考え方（【甲案】）と，再婚後の夫の子であるという推定を否認することが子の利益に反することが明らかである場合には否認することができないものとするという考え方（【乙案】）である。

5　成年等に達した子の否認権の新設（「第5」）

上記４②のように，子が父子関係の当事者であることを理由に否認権を認めるものとする場合には，子が成年等に達した後，自ら法律上の父子関係の存否について判断した上で否認権を行使することを認める必要があるか否かが問題になり得るが，他方で，成年等に達する時まで父として子を養育してきたという事実状態を保護する必要があるとも考えられる。

そこで，中間試案では，現行法のとおりこれを設けないものとする考え方（【甲案】）と，新たにこれを新設する考え方（【乙案】）が提示され，これらについて引き続き検討することとされている。

6　父子関係の当事者の一方が死亡した場合の規律の見直し（「第6」）

これについては，①否認権者が死亡した場合の規律の見直しと，②否認権を行使する父子関係の他方当事者が死亡した場合の規律の見直しについて，一定の考え方が提示さ

れている。

①は，夫が死亡した場合における夫の否認権について，一定の場合に，子のために相続権を害される者その他夫の三親等内の血族が嫡出否認の訴えを提起し，又は夫が提起した嫡出否認の訴えの受継を認める現行の人事訴訟法第41条の規律を見直すものである。具体的には，父の否認権については，現行法のとおりとする考え方（【甲案】）と同条を削除する考え方（【乙案】）があるほか，子が死亡した場合における子の否認権については，一定の場合に，子の直系卑属又はその法定代理人が，嫡出否認の訴えを提起し，又は子が提起した嫡出否認の訴えの受継を認めるという規律を新設するものである。

②は，子の否認権を行使する場合において，訴え提起の前に夫が死亡しているとき又は訴訟係属中に夫が死亡したときは，検察官を被告として訴訟を追行するという規律を新設するものである。

7　嫡出推定制度の見直しに伴うその他の検討事項（「第7」）

これは，①嫡出の承認の制度の見直し，②第三者の提供精子を用いた生殖補助医療により生まれた子の父子関係に関する規律の整備，③認知制度の見直しに関するものである。

①は，否認権者の拡大や否認権の行使期間の伸長に伴い，子の身分関係の早期安定を図る観点から嫡出の承認の制度を活用することが考えられるが，前記2，4及び5の見直しの内容によって，嫡出の承認の制度の意義が異なってくることから，この点について引き続き検討することとされている。

②は，第三者の提供精子を用いた生殖補助医療により生まれた子の父子関係に関し，前記4の見直しにより否認権者の範囲を拡大することとした場合には，これにより否認権を認められることとなる者について，生殖補助医療の提供等及びこれにより出生した子の親子関係に関する民法の特例に関する法律第10条の規律に対応した否認権の制限に関する規律を設けるなどの必要性の有無等が問題になることから，この点について引き続き検討することとされている。

③は，未成年の子の認知に関して，子の承諾が要件となっていない現行の規律を見直し，これを要件とするとともに，事実に反する認知の効力に関し，子その他の利害関係人がいつまでも認知無効の訴えによりこれを争うことができるという現行の規律を見直し，事実に反する認知も，取り消されるまでは有効とした上で，認知取消の訴えの提訴権者及び提訴期間を制限するものであるが，その見直しの必要性や見直しによる弊害について更なる検討が必要であることから，いずれも引き続き検討することとされている。

Ⅲ　中間試案に対する意見募集について

中間試案は，e-Govのホームページにおいて公表されており，令和3年2月25日から

同年4月26日までの間，広く国民一般からの意見を募集するため，パブリック・コメントの手続が実施される。中間試案に対する意見は，e-Govのホームページの意見提出フォームによる方法のほか，電子メール（minji223@i.moj.go.jp），郵送（〒100-8977東京都千代田区霞が関一丁目1番1号）又はファクシミリ（03-3592-7039）の方法により法務省に提出することができるとされている。なお，意見を提出する際には，提出される方の住所（市区町村まで），氏名，年齢，性別，職業を差支えのない範囲内で記入し，どの項目に対する意見かを明示（例えば「第2の2⑶について」と記載）するとともに，パブリック・コメント最終日の令和3年4月26日まで必着であることに留意していただきたいとされている。

　法制審議会民法（親子法制）部会においては，中間試案に対して寄せられた意見を参考にしつつ，令和3年4月以降，引き続き民法（親子法制）の見直しについて調査審議が行われる予定ということである。

民法（親子法制）等の改正に関する中間試案

第1　懲戒権に関する規定等の見直し

1　懲戒権に関する規定の見直し

懲戒権に関する規定の見直しについては，次のいずれかの案によるものとする。

【甲案】　民法第８２２条を削除する。

【乙案】　民法第８２２条を次のように改める。

親権を行う者は，その子に対し，第８２０条の規定による監護及び教育のために必要な指示及び指導をすることができる（注１）。ただし，体罰を加えることはできない（注２）（注３）。

【丙案】　民法第８２２条を次のように改める。

親権を行う者は，第８２０条の規定による監護及び教育を行うに際し，体罰を加えてはならない。

（注１）「指示及び指導」に代えて，「指示及び助言」とすることについて，引き続き検討する。

（注２）（注１）において「指示及び助言」を採用した場合には，ただし書の規律を設けないことも考えられる。

（注３）【乙案】及び【丙案】における「体罰」は，㋐子に肉体的な苦痛を与えること，㋑その肉体的苦痛が子の問題行動に対する制裁として行われることを要素とするものであり，殴る，蹴るといった暴力のみならず，例えば，長時間正座させること，食事を与えないことなども含み得ることを前提としている。

2　監護及び教育に関する一般的な規律の見直し

(1)　懲戒権に関する規定の見直しに伴い，親権者の一般的な権利義務を定めた民法第８２０条を次のように改める。

①　親権を行う者は，子の利益のために子の監護及び教育をする権利を有し，義務を負う（注１）。

②　親権を行う者は，①の監護及び教育に際して，子の人格を尊重しなければならない（注２）。

(2)　居所指定権を定める民法第８２１条及び職業許可権を定める民法第８２３条を見直すことについては，慎重に検討する。

（注１）「権利を有し，義務を負う」に代えて，「義務を負い，権利を有する」とすることについて，引き続き検討する。

（注２）児童虐待の防止等に関する法律第２条の「児童虐待」に当たるものはもとより，「児童虐待」に至らないものの，罵詈雑言等の子の人格を傷付けるような行為についても，民法第８２０条の「監護及び教育」の範囲には含まれず，親権の行使として許容されないことを前提としているところ，②の規律を設けることにより，この点がより明確になるものと考えられる。

第２　嫡出の推定の見直し等

1　嫡出の推定の見直し

民法第７７２条の規律を次のように改める。

① 妻が婚姻中に懐胎した子は，夫の子と推定する。妻が婚姻前に懐胎した子であっても，妻が婚姻の成立した後に出産した子であるときは，同様とする。

② 婚姻の解消又は取消しの日から３００日以内に生まれた子は，婚姻中に懐胎したものと推定する（注）。

③ 婚姻の解消又は取消しの日から３００日以内に生まれた子であって，妻が前夫以外の男性と再婚した後に出生したものは，①及び②の規律にかかわらず，再婚後の夫の子と推定することとし，その適用範囲については，次の２案を引き続き検討する（注）。

【甲案】一律に再婚後の夫の子と推定する案

　　　　離婚及び死別による婚姻の解消並びに婚姻の取消しの場合に適用する。

【乙案】前夫の死亡の場合を除き，再婚後の夫の子と推定する案

　　　　離婚による婚姻の解消及び婚姻の取消しの場合に適用し，死別の場合には適用しない（前夫の子と推定する。）。

（注）子の出生時に妻が前夫以外の男性と再婚していないときにも，前夫の子と推定しないこと（例えば，①について「妻が婚姻中に出産した子は，夫の子と推定する。」とし，②，③の規律を設けないなど）については，その子と前夫との間に生物学上の父子関係がある蓋然性の有無や，離婚後に生まれた子に当然には法律上の父が確保されないことになること等に留意しつつ，引き続き検討する。

2　再婚後の夫の子であるという推定に対する嫡出否認の効果

否認権者（注１）の否認権の行使により再婚後の夫の子であるという推定が否認されたときは，再婚後の夫と子との間の父子関係は出生の時に遡って消滅し，子は出生の時から前夫の子と推定することとする（注２）。

（注１）再婚後の夫，前夫，子，第４・２の【乙案】の母を想定している。

（注２）民法第９１０条（相続の開始後に認知された者の価額の支払請求権）を参考として，前夫についての相続の開始後，再婚後の夫の子であるという推定が否認されたことによって前夫の相続人となった子が遺産の分割を請求しようとする場合において，他の共同相続人が既にその分割その他の処分をしたときは，価額のみによる支払の請求権を有するとすることについては，引き続き検討する。

第３　女性の再婚禁止期間の見直し

女性の再婚禁止期間に関する民法第７３３条の見直しに関して，次の２案のい

ずれかによるものとする。

【甲案】第2・1の③の【甲案】を前提にするもの
　　民法第733条を削除する。
【乙案】第2・1の③の【乙案】を前提にするもの
　① 　民法第733条を削除する。
　② 　前夫の子であるという推定と再婚後の夫の子であるという推定とが重複する場合には，父を定めることを目的とする訴えにより父を定めることとする。

第4　嫡出否認制度の見直し

1　夫の否認権の見直し
　　夫の否認権については，その行使期間に関する民法第777条を見直し，夫が提起する嫡出否認の訴えは，夫が子の出生を知った時から【3年】【5年】以内に提起しなければならないものとするほかは，現行法のとおりとする。

2　子及び母の否認権の新設
　　夫にのみ否認権を認める民法第774条を見直し，子又は母にも否認権を認めるものとし，その具体的な規律については，子が未成年の間にこれらの否認権が行使されることを前提に，次の2案のいずれかによるものとする（後注）。
【甲案】未成年の子の否認権を認める案（母の否認権は認めない。）
　① 　民法第772条の場合（注1）において，子は，自らが嫡出であることを否認することができる。
　② 　①の否認権は，夫に対する嫡出否認の訴えによって行う。
　③ 　子の母又は子の未成年後見人は，その子のために，②の訴えを提起することができる（注2）。
　④ 　②の訴えは，子の出生の時から【3年】【5年】以内に提起しなければならない。
【乙案】未成年の子の否認権及び母の否認権を認める案
　⑴ 　未成年の子の否認権（注3）
　　① 　民法第772条の場合において，子は，自らが嫡出であることを否認することができる（【甲案】の①と同じ）。
　　② 　①の否認権は，夫に対する嫡出否認の訴えによって行う（【甲案】の②と同じ）。
　　③ 　子の親権を行う母又は子の未成年後見人は，その子のために，②の訴えを提起することができる。
　　④ 　②の訴えは，子の出生の時から【3年】【5年】以内に提起しなければならない（【甲案】の④と同じ）。
　⑵ 　母の否認権
　　① 　民法第772条の場合において，母は，子が嫡出であることを否認する

　　　ことができる。
　②　母の否認権は，夫に対する嫡出否認の訴えによって行う。
　③　②の訴えは，子の出生の時から【３年】【５年】以内に提起しなければならない。
（注１）第２・１による見直し後の民法第７７２条を想定している。以下同じ。
（注２）子の親権を行わない母が②の訴えを提起することの相当性について引き続き検討する。
（注３）母に否認権を認めることとした場合に未成年の子の否認権を認めるか否かについては，引き続き検討する。
（後注）成年等に達した子の否認権の行使期間については，子が自らの判断で否認権を行使することを認めるべきかという観点から，第５において更に検討する。

3　再婚後の夫の子と推定される子についての前夫の否認権の新設
　　第２・１の③の規律により再婚後の夫の子と推定される子について（注１），次のような規律の下，前夫に否認権を認めるものとする。
⑴　再婚後の夫の子であるという推定に関する否認権
　①　第２・１の③の規律により，生まれた子が再婚後の夫の子であると推定される場合において，前夫は，子が再婚後の夫の嫡出であることを否認することができる。
　②　①の否認権は，再婚後の夫及び子又は親権を行う母に対する嫡出否認の訴えによって行う。
　③　②の訴えは，前夫が子の出生を知った時から【３年】【５年】以内に提起しなければならない。
　④　前夫による嫡出否認については，再婚後の夫と子との間に生物学上の父子関係がないことに加え，次の２案のいずれかを充たす必要がある。
　　【甲案】前夫と子との間の生物学上の父子関係があることを必要とする案
　　　　訴訟要件として，前夫と子との間に生物学上の父子関係があることを要する。
　　【乙案】子の利益に関する要件を課す案
　　　　再婚後の夫の子であるという推定を否認することが子の利益に反することが明らかである場合には否認することができない。
　⑤　前夫は，自らの否認権の行使により再婚後の夫の子であるという推定が否認されたときは，自らの子であるという推定を否認することができない（注２）。
⑵　再婚後の夫の子であるという推定が否定された場合における前夫の子であるという推定に対する否認権
　　第４・３⑴の規律に基づく前夫による否認権の行使以外の理由により，再婚後の夫の子であるという推定を否定する嫡出否認又は親子関係不存在確認の審判又は判決が確定した場合においては，第４・１の規律にかかわらず，前夫

が提起する嫡出否認の訴えは，前夫が当該審判又は判決が確定したことを知った時から１年以内に提起しなければならないものとする（注３）（注４）。

（注１）第２・１の③によれば，婚姻の解消又は取消し（第２・１の③の【甲案】による場合。第２・１の③の【乙案】による場合は，離婚による婚姻の解消又は婚姻の取消し）の日から３００日以内に生まれた子であって，母が前夫以外の男性と再婚をした後に出産したものは，再婚後の夫の子と推定されることになる。

　　　なお，再婚後の夫は，第４・１の規律（夫の否認権）により，この推定に対する否認権を有することを想定している。

（注２）第２・２の規律（再婚後の夫の子であるという推定に対する嫡出否認の効果）は，前夫が否認権を行使したことにより，再婚後の夫の子であるという推定が否認された場合にも適用されることを前提としている。

（注３）前夫以外の者の否認権の行使により，再婚後の夫の子であるという推定が否認された場合には，前夫は自らの子であるという推定について否認権を行使できることを前提としている。

（注４）第４・３⑴の規律に基づく前夫による否認権の行使以外の理由により，再婚後の夫の子であるという推定を否定する嫡出否認又は親子関係不存在確認の審判又は判決が確定したときに，前夫がその事実を知る機会を保障するため，当該審判又は判決をした裁判所が，当該審判及び判決の内容を通知する制度を設けることの要否並びに当該制度を設けるものとした場合に，記録上通知先が判明していない場合の取扱いも含め，例外的に通知を要しない場合を認めることの当否や裁判所が通知すべき事項については，引き続き検討する。

第５　成年等に達した子の否認権の新設

　　成年等に達した子の否認権について，次の２案を検討する。

【甲案】現行法のとおり，成年等に達した子の否認権を認めないものとする案

　　成年等に達した子の否認権は認めない。

【乙案】成年等に達した子の否認権を認めるものとする案（後注）

　　次の規律の下，成年等に達した子の否認権を認める。

①　子は，民法第７７２条の場合において，未成年の子の否認権の行使期間（注１）が経過しているときであっても，【成年（注２）】【２５歳】に達した日から【３年】【５年】を経過するまでは，なお否認権を行使することができる（注３）。

②　子は，母の夫との間に生物学上の父子関係がない場合であっても，一定の要件（注４）を充足するときは，否認をすることができない。

③　子によって提起された嫡出否認の訴えを認容する確定判決及び子によって申し立てられた嫡出否認の調停についての確定した合意に相当する審判の効力は，子の出生の時に遡って効力を生ずる（注５）。

（注１）第４・２の【甲案】の④及び【乙案】⑴の④の期間をいう。

（注２）現時点では２０歳であるが，民法の一部を改正する法律（平成３０年法律第５９

号。令和４年４月１日施行）による改正後は１８歳である。以下同じ。
（注３）なお，夫又は未成年の子の否認権の行使により提起された嫡出否認の訴えに対する棄却判決が確定し，子が当該判決に拘束される場合には，成年等に達した子の否認権の行使はできないものとすることを想定している。
（注４）「一定の要件」については引き続き検討するが，例えば，父と子との同居の有無及び期間，父による子の監護の有無及び程度その他一切の事情を考慮して，一定期間父子関係の実体があったこととすることが考えられる。
（注５）子の扶養に要する費用の負担，相続，親権者としての行為等，民法第７７２条によって推定される父子関係を前提に行われた各行為の効力に関して，嫡出否認の確定判決及び確定した審判の遡及効を制限することについては，遡及効を認めることにより父又は子が被る不利益の有無及び程度，第三者の利益を保護する必要性等を踏まえ，引き続き検討する。
（後注）成年等に達した子の否認権と嫡出否認の訴えの関係については，この否認権に関する具体的な規律，夫若しくは母等により申し立てられた嫡出否認の調停における確定した合意に相当する審判又は夫若しくは母等により提起された嫡出否認の訴えに対する確定判決に子が拘束されることの当否等に関する議論状況等を踏まえ，引き続き検討する。

第６　父子関係の当事者の一方が死亡した場合の規律の見直し

1　否認権者が死亡した場合の規律

夫又は子が死亡した場合に，これらの者が提起すべき嫡出否認の訴えの提訴権者並びに訴訟手続の終了及び受継に関する規律について，次の２案のいずれかによるものとする。

【甲案】現行の規律を基礎としつつ，否認権者の見直しに伴う見直しを行う案

⑴　夫の否認権

現行法のとおり（注１）。

⑵　子の否認権（注２）

①　子が，その否認権の行使期間内に，嫡出否認の訴えを提起しないで死亡したときは，子の直系卑属又はその法定代理人は，嫡出否認の訴えを提起することができる。この場合において，子の直系卑属又はその法定代理人は，子の死亡の日から１年を経過した日又は子が【成年】【２５歳】に達した日から【３年】【５年】を経過した日のいずれか遅い日までにその訴えを提起しなければならない。

②　子が嫡出否認の訴えを提起した後に死亡した場合には，子の直系卑属又はその法定代理人は，子の死亡の日から６か月以内に訴訟手続を受け継ぐことができる。

【乙案】人事訴訟法第４１条を削除する案

⑴　夫の否認権

人事訴訟法第４１条は削除する。

⑵　子の否認権

　　【甲案】⑵と同じ。

２　否認権を行使する父子関係の他方当事者が死亡した場合の規律

　　夫及び子の否認権に関して，当該否認権により否認される父子関係の他方当事者が死亡した場合の規律として，次のような規律を設ける。

⑴　夫の否認権（子が死亡した場合）

　　現行法のとおり。

⑵　子の否認権（夫が死亡した場合）（注３）

　①　子の否認権を行使する場合において，夫が死亡しているときは，検察官を被告とする。

　②　子の否認権による嫡出否認の訴えが提起された場合において，被告である夫が死亡したときは，検察官を被告として訴訟を追行する。

（注１）子のために相続権を害される者その他夫の三親等内の血族が嫡出否認の訴えを提起することができる期間を夫の死亡の日から１年以内としている人事訴訟法第４１条第１項後段の規律を見直すことについては，第４・１の見直しの在り方等を踏まえ，引き続き検討する。

（注２）第５の【乙案】を採用して，成年等に達した子の否認権を認めることとした場合に限る。

（注３）成年等に達した子の否認権を認めることとした場合のみならず，未成年の子の否認権を認めることとした場合にも，これらの規律を設けることを想定している。

第７　嫡出推定制度の見直しに伴うその他の検討事項

１　嫡出の承認の制度の見直しに関する検討

　　第４（嫡出否認制度の見直し）により，否認権者の範囲を拡大し，否認権の行使期間を伸張することに伴い，子の身分関係の安定を図る観点から，嫡出の承認に関する民法第７７６条を実効化するための方策（注）を設けることについて，引き続き検討する。

（注）民法第７７６条を実効化するための方策としては，同条の要件を明確化することや，一定の期間経過等により，社会的な親子関係が形成されているといえる場合には，嫡出の承認があったものとみなすことなどが考えられる。

２　第三者の提供精子により生まれた子の父子関係に関する検討

　　第三者の提供精子を用いた生殖補助医療により生まれた子の父子関係に関し，第４（嫡出否認制度の見直し）により否認権者の範囲を拡大することとした場合には，これにより否認権を認められることとなる者について，生殖補助医療の提供等及びこれにより出生した子の親子関係に関する民法の特例に関する法律第１０条の規律に対応した否認権の制限に関する規律を設けることなどの必要性について，引き続き検討する。

3　認知制度の見直しに関する検討

　(1)　未成年の子の認知に関する規律の見直し

　　　第7・3(2)の見直しに伴って，嫡出でない未成年の子の認知に関し，次のような規律を設けることについて，引き続き検討する。

　　　嫡出でない子は，その承諾がなければ，これを認知することができない。ただし，認知をしようとする者が子の父であることを証明したときは，この限りでない（注1）。

　(2)　事実に反する認知の効力に関する見直し

　　　事実に反する認知の効力に関する規律を，次のように見直すことについて，引き続き検討する。

　　① 　認知が事実に反するときであっても，②の規律により取り消されない限り，認知は有効とする。

　　② 　認知が事実に反するときは，一定の取消権者は，一定の期間内に限り，その認知を取り消すことができる（注2）（注3）。

　　③ 　②の取消しは，認知取消しの訴えによる。

　　④ 　父が，反対の事実を知りつつ子に日本の国籍を取得させる目的その他の不正の目的で認知したときは，①の規律にかかわらず，その認知は無効とする。

　　⑤ 　子が，反対の事実を知りつつ日本の国籍を取得する目的その他の不正の目的で認知の承諾をしたとき，又は，子の法定代理人が，反対の事実を知りつつ子に日本の国籍を取得させる目的その他の不正の目的で認知の承諾をしたときも，④と同様とする（注4）。

　（注1）【成年】【15歳】に達しない子の承諾については，その法定代理人によってされることを想定している。

　（注2）取消権者及び取消期間については，嫡出推定制度における否認権者及び否認権の行使期間に関する規律との均衡等を考慮し，引き続き検討する。

　（注3）認知の取消事由については，生物学上の父子関係がなく，かつ，認知者に生物学上の父子関係の有無やそのほかの事情について錯誤があったときや，第三者による詐欺や強迫によって認知がされたときに限り，認知の取消しを認めることとする案も考えられる。

　（注4）認知の無効事由については，④及び⑤の場合のみならず，認知者に認知意思や意思能力がない場合等にも，認知を無効とすることが考えられる。

民法（親子法制）等の改正に関する
中間試案の補足説明

令和３年２月

法務省民事局参事官室

民法（親子法制）等の改正に関する中間試案の補足説明

目　次

はじめに
（審議の経緯）

　民法の親子法制に関しては，近時，喫緊の対応が必要である２つの検討課題が指摘されている。

　まず，民法第８２２条の親権者の懲戒権に関する規定については，児童虐待を正当化する口実に利用されているとの指摘があったことを踏まえ，平成２３年の民法改正の際に，その規定を見直し，懲戒権は子の利益のために行使されるべきものであり，子の監護及び教育に必要な範囲を超える行為は懲戒権の行使に当たらないことを明確にする改正が行われた。もっとも，懲戒権に関する規定については，その後も児童虐待を正当化する口実に利用されているとの指摘がされているほか，児童虐待防止対策の強化を図るための児童福祉法等の一部を改正する法律（令和元年法律第４６号。以下「児童福祉法等改正法」という。）により，児童虐待の防止等に関する法律（平成１２年法律第８２号。以下，児童福祉法等改正法による改正後の児童虐待の防止等に関する法律を「児童虐待防止法」という。）に親権者による体罰の禁止が明文で定められた。また，児童福祉法等改正法の検討過程において，懲戒権に関する規定の在り方の再検討を強く求める指摘がされ，その附則において，「政府は，この法律の施行後２年を目途として，民法第８２２条の規定の在り方について検討を加え，必要があると認めるときは，その結果に基づいて必要な措置を講ずるものとする」との検討条項が設けられた。

　また，いわゆる無戸籍者の問題は，我が国の国民でありながら，その存在が公的に登録されておらず，社会生活上の不利益を受ける方が存在するという重大な問題であり，法務省では，これまで無戸籍者に関する情報の収集や手続案内等，その解消のために様々な取組を行ってきたところである。もっとも，（前）夫以外の者との間の子を出産した女性が，嫡出推定制度により，その子が（前）夫の子と扱われることを避けるために出生届をしないことが無戸籍者の生ずる一因であると指摘されており，この問題を将来にわたって解消していくことが必要とされている。

　これらの社会情勢を踏まえ，令和元年６月，法制審議会第１８４回会議において，法務大臣から，「児童虐待が社会問題になっている現状を踏まえて民法の懲戒権に関する規定等を見直すとともに，いわゆる無戸籍者の問題を解消する観点から民法の嫡出推定制度に関する規定等を見直す必要があると考えられるので，その要綱を示されたい。」との諮問がされ（諮問第１０８号），その調査審議のため，民法（親子法制）部会（以下「本部会」という。部会長・大村敦志学習院大学法科大学院教授）が設置された。

　本部会では，令和元年７月から令和３年２月までの間，新型コロナウイルス感染症の感染拡大の影響による中断を挟みつつ，概ね１か月に１回の割合で審議を重ね，同月９日の第１４回会議において「民法（親子法制）等の改正に関する中間試案」（以下「本試案」という。）を取りまとめるとともに，これを事務当局において公表し，意見募集手続を行うことが了承された。

　民法の親子法制は，家族の在り方に深く関わるものであって，その見直しに当た

1

っては幅広く意見を求める必要があると考えられる。本部会では，今後は，本試案に対して寄せられた意見を踏まえ，引き続き精力的に審議を行うことが予定されている。

　なお，この補足説明は，これまでの本部会での審議を踏まえ，本試案の内容の理解に資するため，本試案の各項目について，その趣旨等を事務当局である法務省民事局（参事官室）の責任において補足的に説明する目的で作成したものである。このように，この補足説明は，あくまでも意見募集の対象である本試案の内容について検討を加える際の参考資料として作成したものであって，それ以上の意味を持つものではない。

第1　懲戒権に関する規定等の見直し

1　懲戒権に関する規定の見直し

【見直しの要点】

　　懲戒権に関する民法第822条の見直しについて，以下の3案を提案している。

　　【甲案】民法第822条を削除する案

　　【乙案】民法第822条の「懲戒」の表現を見直し，「第820条の規定による監護及び教育のために必要な指示及び指導をすることができる」とした上，体罰の禁止を規定する案

　　【丙案】民法第822条の懲戒権の行使に関する規律を削除し，同条に体罰の禁止のみを規定する案

【説明】

1　見直しの必要性

　　民法第822条の懲戒権の規定については，児童虐待を正当化する口実に利用されているとの指摘があったことから，平成23年の民法改正に際し，懲戒権は子の利益のために行使されるべきものであり，子の監護及び教育に必要な範囲を超える行為は懲戒権の行使に当たらないことが明確化された。

　　しかし，懲戒権に関する規定については，その後も児童虐待を正当化する口実に利用されているとの指摘がされていたところ，児童福祉法等改正法により，児童虐待防止法に親権者による体罰の禁止が明文で定められた。また，児童福祉法等改正法の検討過程において，懲戒権に関する規定の在り方の再検討を強く求める指摘がされ，その附則において，「政府は，この法律の施行後2年を目途として，民法第822条の規定の在り方について検討を加え，必要があると認めるときは，その結果に基づいて必要な措置を講ずるものとする」との検討条項が設けられた。

　　これらを踏まえ，本部会では，懲戒権に関する規定の見直しについて検討を行った。

2　本試案の概要

　　本試案は，上記1の見直しの必要性があることを踏まえ，児童虐待を防止する観点から，懲戒権規定の見直しの方策について提案するものである。

　　本部会においては，【甲案】，【乙案】及び【丙案】が提案され，引き続き検討することとされたところ，【甲案】は，児童虐待を正当化する口実に利用されているとの指摘のある懲戒権の規定（民法第822条）を削除するものである。【乙案】は，「懲戒」の表現を見直し，新たな表現として「指示及び指導」を提案するとともに，体罰の禁止を定めるものである。【丙案】は，親権者が同法第820条に基づいて監護及び教育に関する裁量を有していることを前提に，監護及び教育に際して体罰が禁止されることを明示的に規定するものである。

3

3 【甲案】

(1) 【甲案】は，懲戒権の規定が体罰を正当化する口実とされているとの指摘に対し，児童虐待を防止する明確なメッセージを発するためには，同規定を削除することが有効であると考えられることを根拠とするものである。

(2) 他方で，平成23年の民法改正においては，懲戒権の規定を削除すると，それによって正当なしつけもできなくなるとの誤解を招くことが懸念されたこと等を理由として，同規定の削除が見送られており，本部会においても，このような懸念を生じさせないようにするため，配慮をする必要があるとの意見があったところである。

　しかし，現行法の下でも，民法第820条の「監護及び教育」として，子に対して正当なしつけを行うことができると考えられているため，同条の規定を超えて同法第822条が独自の意義をもつものではないと考えられている上，上記のような懸念に対しては，同規定の削除が正当なしつけを否定する趣旨ではないことを丁寧に広報することや，子育てに不安を抱える親に対する支援を充実させることで対応すべきとの意見もあったところであり，このような対応策を講じることによって上記の懸念を解消することが可能とも考えられる。

　また，同案を採った場合，民法上体罰が禁止されるのか不明確であるとも考えられるが，少なくとも児童福祉法等改正法による改正後は，児童虐待防止法第14条第1項に親権者の子に対する体罰を禁止する旨の規定が置かれたことからすると，同条項の体罰に含まれる行為については，民法上（懲戒権の行使として）も許容されないことが法律上示されたと考えられるから，体罰の禁止を民法上も規定する必要性は高くないとも考えられる。

4 【乙案】

(1) 概要

　【乙案】は，民法第822条の「懲戒」の表現が，子に問題行動等があった場合に，罰として懲らしめ，戒めるという意味を有していることから，このことが体罰を正当化する口実とされているとの指摘があることを踏まえ，これを見直し，新たに「指示及び指導」という表現を用いるものであり，新たな表現を用いるなどして親権者が行うことができる行為を規定することにより，子に問題行動等があった場合に，これを正すための正当なしつけが一切できなくなるといった懸念を与えないようにするとの考え方に基づくものである。

　また，児童虐待の防止という観点からは，民法上においても体罰を禁止する旨の規定を設けて，体罰が許容されないことを明確にメッセージとして発することに意義があると考えられる上，本部会でも，体罰を禁止する旨の規定を設けること自体に賛成する意見が多数であったこと，「指導」という表現を用いると，「指導」と称して体罰が行われるおそれがあるという指摘があったことなどから，同

案では，親権者が，監護及び教育に関して裁量を有していることを前提に，親権者が行うことができる行為を規定するとともに，注意的，確認的に体罰の禁止を規定して親権者による体罰が許容されないことを明らかにすることを提案している。

(2) 懲戒の表現の見直し

本部会では，「懲戒」の表現を見直し，新たに「訓育」，「教導」，「訓戒」といった表現を用いることも検討されたが，これらは一般の人たちには馴染みがないものであるなどの指摘があったことから，児童の権利に関する条約第5条において「父母（中略）が児童の発達しつつある能力に適合する方法で適当な指示及び指導を与える責任，権利及び義務を尊重する。」と規定されていることを参考に，より一般に用いられている「指示及び指導」という表現を提案するものである（注1）。「指示」は相手がしなければならないことを言って聞かせることを意味する表現であり，「指導」はある目的に向かって教え導くことを意味する表現であり，これらを組み合わせることにより，子に言って聞かせたり，教え導くことを意味するものとなる。

また，本部会では，「指示及び指導」のほかに，「指示及び助言」という表現を用いることが考えられるとの意見もあったところ，「指示」及び「助言」という表現は，いずれも身体的な暴力を含まない表現として一般に用いられており，上記表現を用いることで民法上体罰が禁止されることを明確に示すことができるとも考えられることから，「（注1）」で同表現を用いることについて引き続き検討することとしている。

なお，「指示及び助言」という表現については，「指導」という表現に比べて，教え導くといった教育としての意味が希薄であるとも考えられる一方，その表現の意味及びその表現から受ける印象において，身体的暴力を含むものではないことがより明らかであり，「指示及び助言」の表現を用いた場合には，別途体罰を禁止する旨の規定を設けないことも考えられることから，「（注2）」においてその旨を付記している。

(3) 体罰の具体的内容等
ア 体罰の具体的内容

本部会では，【乙案】で禁止される体罰の内容が問題となったが，「体罰」が懲らしめとして肉体的な苦痛を与えることを意味する表現（注2）であることなどを踏まえると，「⑦子に肉体的な苦痛を与えること，⑦その肉体的苦痛が子の問題行動（主観・客観を問わない）に対する制裁として行われること」が要素になると考えられ，これらの要素を満たすかどうかは，一義的に決まるものではなく，当該子の年齢，健康，心身の発達状況，当該行為が行われた場所的及び時間的環境，当該行為の態様等の諸条件を総合的に考え，個々の事案ごとに判断する必要があると考えられる。このうち，上記⑦の「子に肉体的な苦

痛を与えること」については，殴る，蹴るといった暴力のみならず，長時間正座させること，食事を与えないこと，冷たいシャワーを浴びせることなども含み得るものと考えられるとの見解が示されたほか，上記㋐の「その肉体的苦痛が子の問題行動（主観・客観を問わない）に対する制裁として行われること」については，道に飛び出そうとする子を引き止めるといった子を守るための行為や，カッターナイフを振り回している子の手をつかむといった自らの危険を回避するための行為等を体罰から除外するためのものであり，これらの行為は，いずれも子の問題行動に対する制裁として行われるものではないと整理することができると考えられるとの見解が示されたが，本部会では，上記各見解について異論は見られなかった。

イ　児童虐待防止法第１４条第１項における「体罰」との関係

　　本部会では，児童虐待防止法第１４条第１項における「体罰」との関係についても検討された。児童虐待防止法第１４条第１項における「体罰」の定義については，厚生労働省が主催する「体罰等によらない子育ての推進に関する検討会」が令和２年２月に策定した「体罰等によらない子育てのために〜みんなで育児を支える社会に〜」（以下「本件報告書」という。）によれば，「身体に，何らかの苦痛を引き起こし，又は不快感を意図的にもたらす行為（罰）である場合は，どんなに軽いものであっても体罰に該当」するとしているが，身体に苦痛を引き起こす行為が体罰に該当すると考えている点で，上記㋐の考え方と一致し，「行為（罰）」としている点で，上記㋑の考え方と一致している。他方で，本件報告書では，「苦痛」のみならず，「不快感」という表現も用いているが，「不快感」という表現を用いると，その外縁部分が不明確になるおそれがあると考えられる。もっとも，「不快感」は快くないという感情である一方，苦痛は痛みを伴わない苦しみの感情を含むものであり，本件報告書においても，「不快感」は，単なる主観的な「不快感」ではなく，身体にもたらす「不快感」であり，その具体例として「掃除をしないので，雑巾を顔におしつけた」が挙げられていることからすると，身体にもたらす「不快感」と肉体的な苦痛の差異は，主観的な感情の程度の差であってその境界は曖昧なものであるとも考えられる。そのように理解をすると，厚生労働省が不快感を意図的にもたらす例として挙げている行為については，上記㋐の「子に肉体的な苦痛を与えること」に含み得るものと考えられるので，上記アの考え方によっても説明が可能であると考えられる。

　　また，本件報告書では，「体罰」該当性について，子の年齢や発達状況といった諸般の事情を踏まえて判断するものであるかが明確ではないが，その作成に際してパブリックコメント手続に付されており，そこで寄せられた意見に対する考え方として「個別の行為が，不快感を意図的に与え，子どもを罰する行為なのかどうか等は，子どもの発達段階や社会通念等により異なるため，行為によって一概に申し上げることはできません（以下略）」と記載されており，体罰に該当するかどうかは，子の年齢，その発達状況や社会通念といった諸般の事

情を踏まえて判断をすることを前提とするものと考えられるため，その点においても，上記アの考え方と概ね一致するものと考えられる。

⑷ 精神的な苦痛を与える行為について

親権者による子に対する行き過ぎたしつけとしては，子に肉体的な苦痛を与える行為のみならず，子に対する暴言等の肉体的な苦痛を伴わない行為についても，子どもの健やかな成長・発達に悪影響を与える可能性があるとして，これを防止する必要性が指摘されているところ（注3），本部会では，フランス法が親権者による「精神的暴力」を禁止し（注4），ドイツ法においても，教育に際して，体罰だけでなく「精神的侵害」及び「その他の屈辱的な処置」を禁止している（注5）ことなどを踏まえ，我が国の民法においても，体罰のみならず，子に対する精神的な侵害等も禁止する規定を設けるべきであるとの意見もあった（注6）（注7）。

しかし，精神的な苦痛を加える行為には様々なものがあり，子を厳しく説教するなど，社会通念上，正当なしつけとして許容され得ると考えられる行為であっても，相応の精神的な苦痛を伴うものもあると考えられることからすると，文言上，禁止される行為の範囲を一義的に規定することは困難であるとも考えられる。また，民法第834条が親権喪失の原因として「父又は母による虐待」を挙げていることからすれば，民法上，親権者による子に精神的な苦痛を与える行為のうち，虐待に当たる行為については，現行法上既に禁止されているとも解される。

加えて，本文第1の2のとおり，民法第820条について見直しを行い，同条に子の人格を尊重すべき旨を規定することにより，社会通念上許容されない精神的な侵害も民法上禁止されることを明確にできるとも考えられる。

以上のような点を踏まえ，本試案においては，民法第822条に精神的な侵害等を禁止する規定を設けることについては提案せず，「**第1・2⑴**」の「**②**」において「親権を行う者は，①の監護及び教育に際して，子の人格を尊重しなければならない」との規律を設けるにとどめているが，この点については，引き続き検討する必要があるものと考えられる。

（注1）児童の権利に関する条約第5条は「締約国は，児童がこの条約において認められる権利を行使するに当たり，父母若しくは場合により地方の慣習により定められている大家族若しくは共同体の構成員，法定保護者又は児童について法的に責任を有する他の者がその児童の発達しつつある能力に適合する方法で適当な<u>指示及び指導</u>を与える責任，権利及び義務を尊重する。」と規定している。同条の原文は，以下のとおりである（下線で示した部分が「指示及び指導」に対応する。）。

「States Parties shall respect the responsibilities, rights and duties of parents or, where applicable, the members of the extended family or community as provided for by local custom, legal guardians or other persons legally responsible for the child, to provide, in a manner consistent with the evolving capacities of the child, appropriate <u>direction and guidance</u> in the exercise by

7

the child of the rights recognized in the present Convention.」

（注２）「体罰」は，「身体に直接に苦痛を与える罰。」（広辞苑第７版），「言う事をきかなかったり悪い事をしたりした子供に対して，こらしめとして肉体的な苦痛を与えること。」（新明解国語辞典第７版）とされている。また，厚生労働省が主催する「体罰等によらない子育ての推進に関する検討会」が令和２年２月に策定した報告書である「体罰等によらない子育てのために〜みんなで育児を支える社会に〜」によれば，「身体に，何らかの苦痛を引き起こし，又は不快感を意図的にもたらす行為（罰）である場合は，どんなに軽いものであっても体罰に該当」するとしている。なお，上記報告書は，その作成に際してパブリックコメント手続に付されており，そこで寄せられた意見に対する考え方として「個別の行為が，不快感を意図的に与え，子どもを罰する行為なのかどうか等は，子どもの発達段階や社会通念等により異なるため，行為によって一概に申し上げることはできません（以下略）」と記載しており，体罰に該当するかどうかについては，子の年齢，その発達状況や社会通念といった諸般の事情を踏まえて判断をすることを前提とするものと考えられる。

（注３）児童虐待防止法第２条４号は，児童虐待に当たる行為として，児童に対する著しい暴言又は著しく拒絶的な対応，児童が同居する家庭における配偶者に対する暴力（配偶者（婚姻の届出をしていないが，事実上婚姻関係と同様の事情にある者を含む。）の身体に対する不法な攻撃であって生命又は身体に危害を及ぼすもの及びこれに準ずる心身に有害な影響を及ぼす言動をいう。）その他の児童に著しい心理的外傷を与える言動を行うことを規定している。

（注４）フランス民法第３７１−１条第３項の規定は，以下のとおりである。
　　　「親権は身体的暴力や精神的暴力を用いずに行使される。」

（注５）ドイツ民法第１６３１条第２項の規定は，以下のとおりである。
　　　「子は暴力によらずに教育される権利を有する。体罰，精神的侵害及びその他の屈辱的な処置は許されない。」

（注６）イギリスでは，親権について，児童法第３条１項が，「親責任とは，法に基づき，子とその財産について親が有する全ての権利，義務，権能，責任及び権威をいう。」と定めるにとどまり，体罰や精神的な侵害等を禁止する明文の規定はないが，身体傷害罪等の一定の犯罪については，合理的な体罰であることを理由として正当化されず，民事責任も免れないものとされている。また，アメリカにおいても，親の子に対する体罰や精神的な侵害等を禁じる連邦法はなく，各州法も，親の子に対する体罰について，体罰が許容される範囲についての規定を設けるにとどまっている。

（注７）他に本部会で参考としてあげられたものとして，里親が行う養育に関する最低基準（平成１４年厚生労働省令第１１６号）第６条（「里親は，委託児童に対し，児童虐待の防止等に関する法律（平成十二年法律第八十二号）第二条に規定する児童虐待その他当該委託児童の心身に有害な影響を与える行為をしてはならない。」）及び同第６条の２（「里親は，委託児童に対し法第四十七条第二項の規定により懲戒に関しその児童の福祉のために必要な措置を採るときは，身体的苦痛を与え，人格を辱める等その権限を濫用してはならない。」）並びに児童福祉法第４４条の３（「第六条の三各項に規定す

　　る事業を行う者、里親及び児童福祉施設（指定障害児入所施設及び指定通所支援に係る
　　児童発達支援センターを除く。）の設置者は、児童、妊産婦その他これらの事業を利用
　　する者又は当該児童福祉施設に入所する者の人格を尊重するとともに、この法律又はこ
　　の法律に基づく命令を遵守し、これらの者のため忠実にその職務を遂行しなければなら
　　ない。」）がある。

5　【丙案】
⑴　【丙案】は，親権者が，監護及び教育に関して裁量を有していることを前提と
　　した上で，体罰の禁止を定めてその裁量の行使として許されない行為を限定的に
　　規定するものである。

⑵　本部会においては，上記4⑴のとおり，「懲戒」の表現を見直し，新たな表現を
　　用いて親権者が行い得る行為を規定した場合には，親権者が正当なしつけを行う
　　こともできなくなるのではないかという危惧を与えるおそれがあるとの懸念に
　　応えることができるものと考えられる一方で，新たな表現を用いたとしても，今
　　度はその表現が行き過ぎたしつけを正当化する口実に利用されるおそれがある
　　との指摘や，民法第８２０条に基づいて親権者が子に対する監護及び教育を行い
　　得ることが明らかにされていることからすると，更に同法第８２２条に親権者が
　　行い得る行為を規定することの重複感は否めないとの意見もあったところであ
　　る。
　　　このような指摘等を踏まえ，【丙案】では，親権者の行い得る行為を規定するこ
　　となく，親権者が同法第８２０条に基づいて監護及び教育を行うことができるこ
　　とを前提に，その際に体罰を加えてはならないことを規定するにとどめているも
　　のである（「体罰」の概念等の考え方については，上記4の【乙案】と同様であ
　　る。）。

2　監護及び教育に関する一般的な規律の見直し
【見直しの要点】
　　民法第８２０条の規律に加え，「親権を行う者は，監護及び教育に際して，子の人
　格を尊重しなければならない」との規律を設ける。

【説明】
1　「第1・2⑴」について
⑴　見直しの必要性
　　　親権の義務的性格を強調することが児童虐待の防止に寄与する面もあると考
　　えられることなどから，懲戒権に関する規定の見直しと併せて，「親権を行う者
　　は，子の利益のために子の監護及び教育をする権利を有し，義務を負う」と定め
　　る民法第８２０条の規定についても，義務の側面をより強調するような規定振り

に改めることが考えられるとの指摘があることを踏まえ，本部会では，民法第８２０条の見直しについても検討を行った。

⑵　「①」について

　①は，現行の民法第８２０条をそのまま記載したものである。この点については，本部会では，同条における権利と義務の語を入れ替えるという意見もあったところであるが，これに対しては，親権においては権利性が重要であり，権利と義務の語を単に入れ替えることについて全面的には賛成できないとの意見があった上，民法第８２０条の権利の内容は一義的に明らかでなく，多種多様なものを含むとの指摘もあり，その見直しを検討する場合には，その前提として，それらの多種多様な権利についても検討することが必要であると考えられる。また，親権の権利性や義務性の整理については，親子間における種々の法的関係を踏まえたより広い観点から検討されるべきとも考えられることからすると，虐待の防止という文脈のみで見直しを検討することは相当でないとも考えられることなどから，現行法を維持する提案としている(注１)。

　もっとも，本部会において，親権の最も中心的な権利義務関係は親と子の関係にあり，親は子との関係で基本的には義務を負っていることからすれば，義務を先に規定すべきではないかとの指摘や，親権の義務性を明らかにする規定を設けることはメッセージ性という意味で意義があるとの指摘もあったことから，「(注)」において，権利と義務との語順を入れ替えることについて引き続き検討することを付記している。

⑶　「②」について

ア　②は，現行の民法第８２０条の規定に，同条の監護及び教育に際して，子の人格を尊重すべきとする規律を新たに加えるものである。現行法下においても，民法第８３４条が，「父又は母による虐待又は悪意の遺棄があるとき」を親権喪失の原因として規定し，同法第８２０条が親権者による監護及び教育について，「子の利益のために」行われなければならない旨規定していることなどから，児童虐待の防止等に関する法律第２条の「児童虐待」に当たるものや，罵詈雑言等の，子の人格を傷つけるような行為については，同条の「監護及び教育」に必要かつ相当な範囲を超えるものとして許容されないものと解されているところ，本部会では，当初，このような行為を許容しないということを明確にする趣旨等から，民法第８２２条に「子の人格を尊重する」旨の規定を設けることが検討されていた。

　しかし，子の人格を尊重することは，同条だけでなく，居所指定権を定める同法第８２１条や職業許可権を定める同法第８２３条においても求められるものであり，監護教育権の総則的な規定と解されている同法第８２０条に子の人格を尊重することを規定し，監護教育権の行使全般において子の人格が尊重されるべきことを明らかにするのが相当であるとも考えられることから，「②」

では，同条に子の人格を尊重すべき旨を規定することを提案している。
イ　なお，民法第820条に子の人格を尊重することを規定することに対しては，そもそも民法において「人格」という文言を用いることが適切なのかといった指摘や，親子関係にのみ「人格」という文言を規定することに問題はないのかといった指摘もあったところであるが，この点については，不法行為法においては，明文の規律はないものの，人格権又は人格的利益という概念は確立したものであるとの指摘がなされ，また，親は，自らの価値観を子に当てはめて考える傾向があり，そのために虐待に至ってしまうことがあるとの指摘があったところ，このような指摘を踏まえると，親子関係において，独立した個人としての子の位置付けを明確にし，これをメッセージとして発することに意義があると考えられる（注2）。

さらに，本部会では，民法第820条に子の人格を尊重することを規定した場合における他の概念との整合性についての検討の必要性も指摘されたところ，まず，民法第820条が既に「子の利益のために」監護及び教育を行うことを規定しており，子の人格を傷つけるような行為が子の利益に反することは明らかであるから，これと「子の人格を尊重しなければならない」との定めには重複する部分があると考えられるものの，子の人格の尊重を定めることは，上記のとおり独自の意義を有するとも考えられる。

また，家事事件手続法第65条は，子の利益を確保する観点から，家庭裁判所が，家事審判手続において，当該事案における子の意思の把握に努め，その意思を考慮すべきことを定めるが，民法第820条において，人格を尊重しなければならない旨の規定を設けたとしても，同条は，上記のとおり，親に対して，子を独立した個人として取り扱うことを求めるという一般的な行為指針を示すものであって，両者は適用場面を異にするものであると考えられる。

（注1）親権の概念の整理については，父母の離婚後の子の養育の在り方等を検討している家族法研究会においても検討されており，同研究会資料12－2では，「親権の法的性質に関して単純な理解が容易でないことの背景には，それが元々権利であり義務でもあるという多面的な性質なものであることによるところが大きいが，更に，親子間の法律関係が，親子間に当然に生ずるものから，親権者と子との間にのみ存するものまで複層的な構造が存在しており，それらの境界が必ずしも明らかでないこともあるものと考えられる」と指摘されている。その上で，同資料では，親権概念について，全ての親が負う「基礎的職分」(同研究会資料では，義務，責任，責務等の用語の候補があることから，議論のための価値中立的な概念として「職分」の語を用いられている。)に上乗せされる「上乗せ職分」として捉え，親権者の権利義務について，親の「職分」として規律するという方向性などが検討されている。
（注2）この点についても，児童等の人格の尊重を規定する児童福祉法第44条の3が参考としてあげられた。

11

2　「第1・2⑵」について

⑴　見直しの必要性

　　「**第1・1**」における【甲案】又は【丙案】を採用した場合には，懲戒権に関する規定の内容は，民法第820条の親権者の一般的な権利義務の規定に包含されることになると考えられることから，懲戒権の規定と同様に監護教育に関する規定である民法第821条の居所指定権の規定や，民法第823条の職業許可権の規定についても，民法第820条の規定との関係を整理する必要があるものと考えられることから，本部会では，これらの規定についても検討を加えた。

⑵　本部会では，居所指定権や職業許可権を残す必要性が感じられないという指摘があったが，居所指定権については，親権者が子の身体を拘束する者に対して，その引渡しを求める根拠となるという見解もあることから，この規定を直ちに削除することが相当ではないとも考えられるし，比較法的観点からも（注3），居所指定権に関する規定は存置して良いとも考えられる。また，職業許可権についても，監護教育にのみ関係するものではなく，財産管理にも関わるものと考えた場合には，懲戒権に関する規定の見直しに伴って整理することは必要でないと考えられるとの指摘がある。

　　本部会でもこれらの規定がその存在意義を失っているか明らかではなく，懲戒権に関する見直しに伴うものとして，見直す必要はないのではないかという指摘があったところであり，このような議論状況を踏まえると，これらの規定を見直すことについては，慎重に検討すべきと考えられることから，その旨を「**第1・2⑵**」で提案している。

（注3）フランス民法第371-3条は，「子は，父母の許可なしに家族の家を去ることができない。子は法律が定める必要な場合においてのみ，その家から引き離されうる。」と規定し，ドイツ民法第1631条第1項は，親権の身上配慮の内容として，「子を養育〔世話し〕，教育し，監督し，またその居所を指定する権利と義務を含む。」と規定している。

第2　嫡出の推定の見直し等

1　嫡出の推定の見直し

【見直しの要点】

嫡出の推定に関する民法第７７２条を以下のとおりに見直すものとする。

①　妻が婚姻中に懐胎した子は，夫の子と推定する。妻が婚姻前に懐胎した子であっても，妻が婚姻の成立した後に出産した子であるときは夫の子と推定する。

②　婚姻の解消又は取消しの日から３００日以内に生まれた子は，婚姻中に懐胎したものと推定する。

③　婚姻の解消又は取消しの日から３００日以内に生まれた子であっても，妻が前夫以外の男性と再婚した後に出生したものについては，①及び②の規律にかかわらず，再婚後の夫の子と推定することとし，その適用範囲について，次の２案を提案する。

【甲案】一律に再婚後の夫の子と推定する。

【乙案】前夫の死亡の場合を除き，再婚後の夫の子と推定する。

【説明】

1　見直しの必要性

民法第７７２条は，妻の婚姻の成立の日から２００日が経過した後又は婚姻の解消若しくは取消しの日から３００日以内に生まれた子について，（前）夫の子と推定する旨を規定している。このような嫡出推定規定は，婚姻関係を基礎として，子の懐胎・出生時期を基準に，父子関係を推定することで，生まれた子について逐一父との遺伝的つながりの有無を確認することなく，早期に父子関係を確定し，子の地位の安定を図るものであり，ＤＮＡ型鑑定の技術が発展した現代においても，子の利益のために重要な規定であるといえる。

他方で，嫡出推定規定により推定される父がいる場合には，その者を父とする出生届を提出しなければならず，（前）夫と子との間に生物学上の父子関係が存在しないときであっても，嫡出否認の手続等により嫡出推定が否認されなければ，市区町村の戸籍窓口では生物学上の父を父とする出生届を受理しない。そのため，（前）夫以外の者との間の子を出産した女性が，戸籍上その子が（前）夫の子と記載されることを避けるために出生届を提出せず，無戸籍者が生ずることがあり（注１），無戸籍者の問題を解消する観点から嫡出推定制度を見直すことが考えられる（注２）。

また，嫡出推定制度は，昭和２２年の民法改正の際も，明治以来の規定（注３）を基本的に引き継ぐ形で定められたものであるが，近年，離婚・再婚の増加，懐胎を契機に婚姻する夫婦の増加などの社会の変化が生じていること等を踏まえると，無戸籍者の問題の解消以外の観点からも見直しをする必要があると考えられる（注４）。

（注１）全国の法務局から法務省に連絡のあった無戸籍者の数は令和３年１月１０日までに累計３３９３名であり，このうち２４９２名は，親子関係不存在確認の裁判等を経ることによって戸籍に記載され，同日現在の無戸籍者の数は９０１名である。無戸籍者の母等が出生届を提出しない理由についての調査結果によれば，必ずしも嫡出推定制度が原因とはいえないものもあるが，上記９０１名のうち６６０名（約７３％）が「（前）夫の嫡出推定を避けるため」と回答している。

（注２）無戸籍者を解消するために，戸籍実務では，婚姻の解消又は取消しの日から３００日以内に生まれた子であっても，婚姻中に懐胎したものでないことを証明することによって前夫の子であるとの上記推定を覆すことができ，かかる証明は，必ずしも嫡出否認の訴えによってすることを要しないとされており，婚姻中に懐胎したものでないことを医師の作成した証明書により確認することができる場合には，嫡出でない子又は再婚した夫の嫡出子の出生届を受理することとされている（平成１９年５月７日付け法務省民一第１００７号民事局長通達）。

（注３）民法（昭和２２年法律第２２２号による改正前のもの）
　　　　第八百二十条　妻カ婚姻中ニ懐胎シタル子ハ夫ノ子ト推定ス
　　　　　　　　　　　　婚姻成立ノ日ヨリ二百日後又ハ婚姻ノ解消若クハ取消ノ日ヨリ三百日内ニ生レタル子ハ婚姻中ニ懐胎シタルモノト推定ス

（注４）諸外国等における婚姻を基礎に父性を推定する法制は，以下のとおりである。
　　　○ドイツ
　　　　子の出生時にその母と婚姻関係にあった者が法律上当然に父となる（ドイツ民法第１５９２条第１号）。
　　　　婚姻が母の夫の死亡によって解消した場合において，その解消後３００日以内に子が出生したときは，ドイツ民法１５９２条第１号が準用され，死亡した夫が当然に父となる（ドイツ民法第１５９３条第１文）。なお，離婚によって婚姻を解消した場合に前夫が父となる旨の規定は設けられていない。
　　　　子の出生時に母が再婚した場合は，再婚後の夫が父となるが（同条第３文），再婚後の夫が子の父でないことが既判力をもって確認されたときは，死亡した前夫がその子の父となる（同条第４文）。
　　　○フランス
　　　　「婚姻中に懐胎され，又は出生した子は夫を父とする」（フランス民法第３１２条）。
　　　　懐胎時期について，「法律は，子が出生の日の前３００日目から１８０日目に及ぶ、その日を含めての期間中に懐胎されたものと推定する」（フランス民法第３１１条第１項）。「懐胎は，子の利益のために請求されるところに従い，この期間のいかなる時にでも生じたものと推定される」（同条第２項）。
　　　○アメリカ
　　　　統一親子関係法（２０１７年）は，父子関係の推定に関し，次のような規定を設けている。
　　　「第２０４条（親子関係の推定）
　　　（ａ）　ある自然人は，次の場合において子の親と推定される。

⑴　［第8編又は］州法により異なる定めがなされている場合を除き，

　　(A)　当該婚姻が無効であるか又は無効と宣言されうるかどうかにかかわらず，この自然人と子を出産した女性とが婚姻しており，かつ，子がこの婚姻中に出生した場合

　　(B)　当該婚姻が無効であるか又は無効と宣言されうるかどうかにかかわらず，この自然人と子を出産した女性とが過去に婚姻しており，婚姻が死亡［離婚，解消，無効若しくは無効宣言］によって終了した後，［又は別居若しくは別居扶養の判決後］，300日以内に子が出生した場合

　　(C)　当該婚姻が無効であるか又は無効と宣言されうるかどうかにかかわらず，この自然人と子を出産した女性とが子の出生後に婚姻し，この自然人が子との親子関係を随時主張し，かつ，（ⅰ）この主張が［州の機関の保管する出生記録とともに］記録されているか又は（ⅱ）この自然人が子の出生証明書に子の親として記名されることに同意し現に記録されている場合

⑵　この自然人が子の出生後子が2歳になるまで，一時的な不在期間も含めて，子と同一の世帯に居住しており，かつ公然とこの子を自己の子として扱っていた場合(a)ある自然人は，次の場合において子の親と推定される。」

○イギリス（イングランド法）

　コモンロー上の原則として，子の遺伝上の父が法的な父となる。

　他方で，出生登録においては，婚姻女性が出生した場合において，父として夫の名が挙げられたときは，登録官が特に疑いを持つべき状況であれば別であるが，そうでなければ，特段の証拠を要することなく，夫の名が登録される。夫以外の男性を父として登録しようとする場合には，その男性と子の間に遺伝上の関係があることを証拠立てなければならない。ここに，「父性の推定」ルールが反映されている。

　「父性の推定」ルールとは，コモンロー上のルールとして，婚姻女性が出産した場合に，当該女性の夫が父であると推定するものであり，当該女性が懐胎時又は出生時において男性と婚姻していた場合に当てはまる（婚姻する前に懐胎していても出産時に婚姻していればあてはまるし，また，婚姻解消後通常の妊娠日数内［特に日数は定まっていない］に生まれた子にも当てはまる）。

○韓国

　「妻が婚姻中に妊娠した子供は，夫の子として推定する」（韓国民法第844条第1項）。

　「婚姻が成立した日から200日後に生まれた子供は，婚姻中に妊娠したものと推定する」（同条第2項）。

　「婚姻関係が終了した日から300日以内に生まれた子供は，婚姻中に妊娠したものと推定する」（同条第3項）。

○台湾

　「妻が婚姻中に懐胎した子は，嫡出子と推定する」（台湾民法第1063条第1項）。

　「子の出生日より遡り，181日から302日にわたる期間を懐胎期間とする」（同条第2項）。

　「懐胎が，181日以内あるいは302日以前に生じたと証明できれば，その期間を懐

胎期間とする」（同条第3項）。

2　本試案の概要

「①」は，民法第772条第1項に対応する規律として，妻が婚姻中に懐胎した子は，夫の子と推定するとの現行法の規律を維持した上で，これに加えて，妻が婚姻中に懐胎した子でなくても，妻が婚姻した後に出産した子であるときも，夫の子と推定することとするものである。

「②」は，同条第2項に対応する規律として，婚姻の解消又は取消しの日から300日以内に生まれた子は，婚姻中に懐胎したものと推定する現行法の規律を維持するものであり，「①」の前段の規律により，生まれた子は夫の子と推定されることになる。

「③」は，「①」，「②」の規律の例外として，婚姻の解消等の日から300日以内に生まれた子であって，妻が前夫以外の男性と再婚した後に出産したものは，再婚後の夫の子と推定するものである。この点については，妻の再婚後に生まれた子は一律に再婚後の夫の子と推定する案【甲案】と妻の再婚後に生まれた子について，前婚の解消原因が前夫の死亡の場合を除き，再婚後の夫の子と推定する案【乙案】の2つの案を提案している。

3　婚姻の成立の日から200日以内に生まれる子に関する規律の見直し

(1)　現行法の規律

民法第772条は，第1項で，妻が婚姻中に懐胎した子を夫の子と推定し，第2項で，婚姻の成立の日から200日を経過した後に生まれた子は婚姻中に懐胎したものと推定していることから，妻の婚姻中に生まれた子であっても，婚姻の成立の日から200日以内に生まれた子は，婚姻中に懐胎したものとは推定されず，夫の子と推定されない（注5）。なお，民法第789条第2項は，母が，婚姻する前に夫との間で子を懐胎し，婚姻の成立後200日以内に生まれた子については，夫の認知により嫡出子の身分を取得することができることとしている。

他方で，判例上，婚姻の成立の日から200日以内に生まれた子について，婚姻の成立の前に内縁関係が継続し，母が内縁の夫との間で当該子を懐胎した場合には，父による認知の手続を経ることなく，出生と同時に当然に父母の嫡出子たる身分を有するとされている（注6）。この判例を受けて，戸籍実務では，婚姻の成立の日から200日以内に生まれた子について，嫡出子の出生届を提出することが認められている（「推定されない嫡出子」と呼ばれる。）（注7）（注8）。

(2)　見直しの必要性

このような現行法の取扱いに対しては，婚姻の成立の日から200日以内に生まれた子は民法第772条の嫡出推定が及ばないため，嫡出否認の訴えによることなく，親子関係不存在確認の裁判等により，いつまでも父子関係を否定される可能性がある。そのため，婚姻の成立の日から200日が経過した後に生まれた

子が，嫡出推定制度によりその地位が安定するのに対して，子の地位が不安定に
なっているとの指摘がある。例えば，嫡出子として出生届が提出され，長年その
夫婦の子として育てられ，子自身も母とその夫の子と信じて生活をしていたにも
かかわらず，何らかの事情で生物学上の父子関係が存在しないことが判明した場
合に，相続等の場面で他の親族から父子関係を争われ，相続人の地位を失うとい
った事態が生ずることが考えられる。このため，婚姻後２００日以内に出生した
子についても，夫の子との推定を及ぼし，その法的地位を安定させる必要が高い
と考えられる。

　また，妊娠を契機に婚姻する夫婦が増加しているという社会の変化（注９）に
加え，法務省で実施した調査（以下「本件調査」という。）の結果によると，婚姻
後２００日以内に出生した子のうち，９９．５％は推定されない嫡出子で，婚姻
後の夫が父となっており，このような調査結果に照らすと，婚姻後２００日以内
に出生した子は夫の子である蓋然性が高いといえる（注１０）。

　「①」は，これらを踏まえ，民法第７７２条の規律する嫡出推定規定を見直す
ものである。

【現行制度のイメージ】

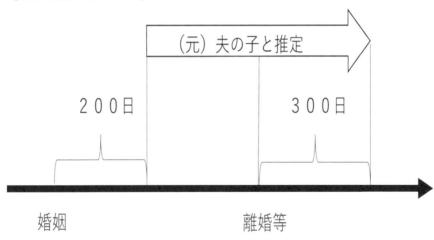

【「①」の規律のイメージ】

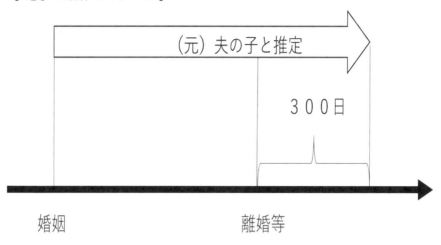

(3)　婚姻の成立の日から２００日以内に生まれる子に関する規律の根拠等

　　　現行法は，夫婦は貞操義務・同居義務（民法第７５２条）などから婚姻中に懐
　　胎した子は夫の子である蓋然性が高いこと，婚姻中に懐胎した子については夫婦
　　の子として養育する意思があると考えられることなどを根拠として，婚姻中に懐
　　胎した子について夫の子と推定するという考え方を基本としていると考えられ
　　る。そして，本部会では，現行法との連続性を重視し，上記考え方を基本としつ
　　つ，妻が婚姻する前に懐胎し，かつ，婚姻した後２００日以内に出産した子は，
　　夫の生物学上の子である蓋然性が高いと考えられること，このような子について
　　は夫婦の子として養育する意思があると考えられることを根拠に，婚姻後２００
　　日以内に出生した子についても夫の子であるとの推定の範囲を拡げるという考
　　え方を前提とすることが相当であるとの意見が多数であった。

　　　なお，妻が婚姻する前に懐胎し，かつ，婚姻した後に出産した子であっても，
　　子の出生前に婚姻の解消又は取消しに至っていることもあり得るが，「①」の規
　　律において妻が婚姻する前に懐胎し，かつ，婚姻後２００日以内に出生した子を
　　夫の子と推定するとした趣旨は，そのような子については夫の生物学上の子であ
　　る蓋然性が高いと考えられるという点などにあり，そのことは子の出生前に婚姻
　　の解消又は取消しに至ったからといって変わるものでないと考えられることな
　　どに照らすと，このような場合においても，夫の子と推定するのが相当であると
　　考えられる（注１１）。

　　　以上を踏まえ，「①」では，現行法と同様に，「妻が婚姻中に懐胎した子は，夫
　　の子と推定する。」とした上で，「妻が婚姻する前に懐胎した子であっても，妻が
　　婚姻した後に出産した子であるときは，同様とする。」という規律を設けること
　　を提案している。

　　　なお，本部会においては，民法第７７２条第１項の見直しに関する考え方とし
　　て，現行法を大きく変え，妻が婚姻中に出産した子については，夫婦の子として

養育する意思があると考えられることを根拠として，妻が婚姻中に出産した子を
夫の子と推定するという考え方なども検討されたが，このような考え方を採った
場合には，現行法の基本的な制度枠組みを大きく変えることになるなどの問題が
あると考えられるなどを踏まえ，慎重な検討を要するものと考えられるとの意見
が多数であった（注12）。

（注5）諸外国等の法制をみると，韓国及び台湾は，我が国と同様，婚姻の成立の日から一
　　　定期間後に生まれた子は夫の子と推定するとの規定を置いている。他方，ドイツ，フラ
　　　ンス，イギリス，アメリカ（2017年統一親子関係法）では，母が婚姻する前に懐胎
　　　し婚姻中に出生した子を母の夫の子と推定しており，婚姻の成立の日から一定期間経過
　　　後の出生であるかどうかによって，子の地位に差異を設けていない。

（注6）大判昭和15年1月23日大審院民事判例集19巻1号54頁。なお，最判昭和4
　　　1年2月15日民集20巻2号202頁は，上記大判昭和15年を引用しつつ，民法7
　　　72条2項にいう「婚姻成立の日」とは，婚姻の届出の日を指称すると解するのが相当
　　　であるとした上で，婚姻届出の日から200日以内に生まれた子について，同条の嫡出
　　　子としての推定を受ける者ではなく，たとえ，子の出生の日が，父母の同棲開始の時か
　　　ら200日以後であっても，同条の類推適用はない旨判示している。

（注7）昭和15年4月8日付け民事甲第432号民事局長通牒は，婚姻の成立の日から2
　　　00日以内に生まれ，嫡出子として出生届が提出された子について，内縁関係が先行し
　　　ているか否かにかかわらず，前掲大判昭和15年1月23日の趣旨により取り扱うこと
　　　とするとしている。

（注8）なお，昭和26年6月27日付け民事甲第1332号民事局長回答は，「婚姻成立後
　　　200日以内に出生した子につき母から嫡出でない子として出生届をすることは差し
　　　つかえない。」としている。

（注9）平成13年度及び同22年度厚生労働省人口動態特殊統計「出生に関する統計」に
　　　よれば，結婚期間が妊娠期間よりも短い出生の子（ただし，妊娠週数の考え方から発生
　　　する妊娠期間のずれと，婚姻の届出や同居の開始がハネムーン後になることもあること
　　　を考慮し，「結婚週数＜妊娠週数－3週」で出生した子として集計。）が，嫡出第一子に
　　　占める割合は，昭和55年には12．6％であったのが，平成12年には26．3％に
　　　増加し，平成21年には25．3％となっている。

（注10）母の婚姻後200日以内に出生した子について
　　　　法務省において，平成29年6月時点における，平成26年から平成28年までの間
　　　に全国で出生した子（302万9074件）のデータを調査したところ（本件調査），以下の
　　　結果が判明した。

　　　　①　婚姻後200日以内に出生した子の数　　　　　27万9581件（9.2％）
　　　　②　①のうち推定されない嫡出子の数　　　　　　　27万8299件（①の99.5％）
　　　　③　①のうち母の前夫の嫡出子の数（離婚後300日）　　58件（①の0.02％）
　　　　④　①のうち嫡出でない子の数　　　　　　　　　　　31件（①の0.01％）
　　　　⑤　①のうち上記②～④以外　　　　　　　　　　　1193件（①の0.4％）

（注11）ただし，このような規律については，妻の婚姻中の懐胎及び出産のいずれにも該当
　　しないことから，本部会においては，このような規律を設けることの根拠等について今
　　後検討していく必要があるとの指摘がされている。
（注12）「推定の及ばない子」に関する外観説の取扱いについて
　　　このように，現行法との連続性を重視し，婚姻中に懐胎した子を夫の子と推定すると
　　いう考え方を基本的に維持することとしていることから，「推定の及ばない子」，すな
　　わち，懐胎時期に，既に夫婦が事実上の離婚をして夫婦の実態が失われ，又は遠隔地に居
　　住して，夫婦間に性的関係を持つ機会がなかったことが明らかであるなどの事情が存在
　　するときは，その子について民法第７７２条の推定が及ばず，嫡出否認の訴えによるこ
　　となく，親子関係不存在確認の訴えや認知の訴えにより父子関係を否定することができ
　　るという判例（最判昭和４４年５月２９日民集２３巻６号１０６４頁ほか）は，基本的
　　に維持されることになると考えられる。

4　妻の婚姻の解消又は取消しの日の後に出生した子の懐胎時期の推定に関する規律

⑴　見直しの要否

　　　現行法は，婚姻の解消又は取消しの日から３００日以内に生まれた子は，婚姻
　　中に懐胎したものと推定しているところ，「②」では，原則として，この規律を維
　　持することを提案している（注１３）。

⑵　婚姻の解消又は取消し後の推定に関する規律の根拠等

　　　本部会においては，懐胎時期の推定に関する規律の根拠について検討がされた
　　ところ，まず，婚姻の解消原因が死別である場合には，直前まで夫婦の同居及び
　　性関係が継続している可能性が高く，一般的に生まれた子が前夫の子である蓋然
　　性が低いとはいえないと考えられることから，夫の死別による婚姻の解消から３
　　００日以内に生まれた子は婚姻中に懐胎したものと推定する現行法の規律を維持
　　することが相当であるとの意見が多数であった。

　　　次に，婚姻の解消が離婚による場合には，離婚の直前の時期に夫婦関係が破綻
　　しており，死別の場合と異なるのではないかとの指摘もあったが，離婚前の別居
　　制度が法定されておらず，また，協議離婚を認める我が国の法制の下では，必ず
　　しも，離婚の直前の時期に夫婦の性関係が失われているということはできず，離
　　婚後に生まれた子が，一般的に前夫の生物学上の子である蓋然性が低いとはいえ
　　ないこと（注１４）（注１５）や，前夫の子と推定しないこととすると，生まれた
　　子は認知によらなければ法律上の父が確保されないことになるため，総体として，
　　子の利益が害される事態が増加するとの指摘も多く見られた。

　　　また，婚姻の取消しの場合についても，その取消しの原因はいずれも婚姻成立
　　時から存在する事由であり，必ずしも，夫婦関係が悪化し破綻に至ったというわ
　　けではなく，婚姻の取消し後に生まれた子が，一般的に前夫の生物学上の子であ
　　る蓋然性が低いとまではいえないと考えられる。

　そこで、「②」においては、婚姻の解消又は取消しの日から３００日以内に生まれた子は、婚姻中に懐胎したものと推定する旨の現行法の規律を維持することとしている。

⑶　婚姻の解消又は取消し後の推定に関する規律を設けないこと

　本部会においては、将来にわたって無戸籍者の問題を解消する観点等からは、（子の出生時に妻が再婚しているか否かにかかわらず、）婚姻の解消及び取消しの日の後に生まれた子について、前夫の子と推定しないこととする必要があるとの指摘がされたが、他方で、このような見直しをすると、婚姻の解消等の後に生まれた子に当然には法律上の父が確保されないことになることから、無戸籍者の問題の解消については、嫡出否認制度の見直しや、無戸籍者に対する相談を充実させるなど、制度全体で対処すべきであるとの指摘もされた。

　そこで、「（注）」において、子の出生時に妻が前夫以外の男性と婚姻していないときにも前夫の子と推定しないこととすることについて、その子と前夫との間に生物学上の父子関係がある蓋然性の有無や、離婚後に生まれた子に当然には法律上の父が確保されないことになること等に留意しつつ、引き続き検討することとしている。

　　（注13）諸外国等の法制をみると、フランス、アメリカ、イギリス、韓国及び台湾では、我が国同様、婚姻の解消等の後一定期間内に出生した子は前夫の子と推定するとの規定等を置いている。ドイツは、婚姻の解消が離婚による場合は前夫の子と推定されず、夫の死亡による婚姻の解消の場合に限り、解消後３００日以内に出生した子を夫の子と推定するとの規定を置いている。

　　（注14）上記（注13）のとおり、ドイツでは、死別の場合を除き、婚姻の解消等の後に生まれた子は、母の前夫の子とは推定しないこととされているが、これは、離婚に際して一定期間の別居（又はそれに相当する状況が存在していること ）が要件とされていることを前提とするものである。

　　（注15）厚生労働省の平成２９年人口動態統計「中巻　離婚　第２票　離婚件数、届出月・同居をやめた年月別」によれば、平成２９年中に離婚した夫婦（総数２１万２２６２件）のうち、離婚前１か月以内に同居をやめた夫婦は約５２．８％（１１万２２７５件）、離婚前５か月以内に同居をやめた夫婦は約７８．１％（１６万５７８８件）とされている。

5　婚姻の解消又は取消しの日の後、母が前夫以外の男性と再婚し、子を出産した場合の規律

⑴　見直しの必要性等

　前記４のとおり、現行法は、母の婚姻の解消又は取消しの日から３００日以内に生まれた子について、母の前夫の子と推定することとしているが、前記１のとおり、そのことが無戸籍者の問題の一因となっているとの指摘がある。このような指摘を踏まえると、婚姻の解消及び取消しの日の後に生まれた子について、前

夫の子と推定するとの現行法の規律を見直すことが，無戸籍者の問題を将来にわたって解消するために有益であるとも考えられる。

　他方で，嫡出推定制度は無戸籍者の問題との関係でのみ問題となるものではなく，現行法では，母の婚姻の解消又は取消しの日から３００日以内に生まれた子は，嫡出推定制度により前夫の子と推定されることによって，早期に父子関係を確定し，安定した地位を得ることができるにもかかわらず，見直しによって，一律に前夫の子と推定されないこととすると，推定される父が存在しない事態が生じ得ることとなる。そのような子の不利益を考慮すると，子に推定される父が確保される場合に限り，例外的に前夫の子と推定しないとすることが子の利益を図る観点から有益であるとも考えられる。

　また，本件調査によれば，母の婚姻解消後３００日以内かつ婚姻後２００日以内に出生した子の父は，そのほとんどが母の再婚後の夫とされており（注１６）（注１７），このような調査結果からすると，婚姻の解消等の日から３００日以内に生まれた子であっても，母が前夫以外の男性と再婚をした後に生まれた子は，再婚後の夫の子である蓋然性は高いといえる。

　「③」は，これらを踏まえ，民法第７７２条の規律する嫡出推定規定を見直すものである。

⑵　「③」の概要
　「③」は，このような観点から，婚姻の解消等の日から３００日以内に生まれた子であって母が前夫以外の男性と再婚した後に出産したものは，再婚後の夫の子と推定するものである。

　【「③」の規律のイメージ】

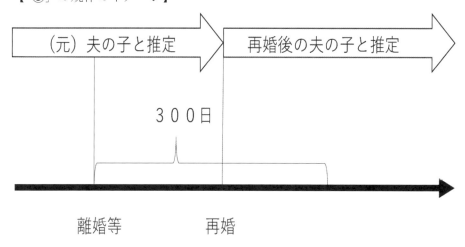

　【甲案】は，母の再婚後に生まれた子は一律に再婚後の夫の子と推定する案であり，【乙案】は，母の再婚後に生まれた子について，前夫の死亡の場合を除き

（前婚の解消原因が離婚の場合と婚姻の取消しの場合に），再婚後の夫の子と推定する案である。

　　【甲案】と【乙案】との実質的な相違点は，前婚の解消の原因が死別の場合について，前夫の子と推定するか否かであり，【乙案】を採用した場合には，前婚の解消の原因が死別の場合において，その後母が再婚し，死別の時から３００日以内に子を出産した場合には，前夫の子であるという推定と再婚後の夫の子であるという推定が重複することから（「①」参照），父を定めることを目的とする訴え等により，父を定める必要が生じることになる（注18）。

現行法，【甲案】及び【乙案】の違い（※）

	現行法	【甲案】	【乙案】
離婚による婚姻の解消	前夫	再婚後の夫	再婚後の夫
死別による婚姻の解消	同上	同上	父未定 （父を定めることを目的とする訴え等により父を定める）
婚姻の取消し	同上	同上	再婚後の夫

　※　婚姻の解消又は取消しの日から３００日以内に生まれた子であって，妻が前夫以外の男性と再婚した後に出生した子の父と推定される者

⑶　【甲案】と【乙案】に共通の考え方

　　婚姻の解消が離婚による場合については，婚姻解消後に生まれた子が，一般的に前夫の生物学上の子である蓋然性が低いとはいえないものの，少なくとも，母が前夫以外の男性と再婚した後に子を出産したときは，前夫の生物学上の子である蓋然性よりは，むしろ再婚後の夫の生物学上の子である蓋然性の方が高いと考えられる。また，母が再婚をしたときは，再婚後の夫婦が自らの子として子を養育する意思があり，再婚後の夫の子と推定することが相当である。

　　また，婚姻の取消しの場合についても，その経緯には様々なものが想定され，一般的に生物学上の子である蓋然性が低いとはいえないものの，少なくとも，母が前夫以外の男性と再婚した後に子を出産したときは，前夫の生物学上の子である蓋然性よりは，むしろ再婚後の夫の生物学上の子である蓋然性の方が高いと考えられることなどから，婚姻の解消が離婚による場合と同様の取扱いをすることが相当であるとの指摘が多かった。

　　また，法務省が把握している無戸籍者（解消済みの者も含む。）のうち，東京法務局など１７局で把握している無戸籍者（合計1211名）について，母の婚姻状況を戸籍から確認する調査をしたところ，離婚後３００日以内に生まれた子のうち，母が離婚後３００日以内に婚姻し，その後に出生した者は約３５．８％であ

り（注１９），本見直しがされた場合には，これらの子については，再婚後の夫の子と推定されることになる。その上，上記調査によれば，離婚後３００日以内に生まれた子のうち，母が離婚後３００日以内に再婚していた者は約４６．８％であり（出生後に再婚した場合も含む。），母が離婚後２年以内に再婚していた者は約５５．１％であることや，法改正による行動変化が期待されること等も踏まえると，本見直しにより，これまで母の離婚後に前夫の子と推定されることを理由として出生届がされなかった事例のうち，相当数の事案において前夫の子であるという推定がされないことになり出生届の提出が期待できるとも考えられる。

　以上を踏まえ，「③」では，【甲案】と【乙案】のいずれにおいても，婚姻の解消が離婚による場合及び婚姻の取消しの場合には，「①」，「②」の規律にかかわらず，前夫の子ではなく，再婚後の夫の子と推定することを提案している。

⑷　【甲案】妻の再婚後に生まれた子は一律に再婚後の夫の子と推定する案

　【甲案】は，婚姻の解消の原因が死別である場合においても，母が前夫以外の男性と再婚した後に子を出産したときは，前夫の死亡前から夫婦関係が破綻しており，母は前夫の死亡前から再婚をした男性と親密な関係にあり，再婚後に出生した子は，前夫の生物学上の子である蓋然性よりも，再婚後の夫の生物学上の子である蓋然性の方が高いとも考えられるとの指摘があること（注２０）や，母が再婚した後に子を出産した場合は，母と再婚後の夫は，再婚後の夫婦の下で，その子を養育する意思を有していると考えられ，再婚家庭で（再婚後の夫の法律上の子として）養育されることが子の利益にも合致することを根拠とするものである。また，本部会においては，婚姻の解消原因によって，子の父子関係の確定の方法が異なるのは，子の利益の保護という観点から不適切ではないかとの指摘や規律としての簡明さの観点を考慮して，死別による婚姻の解消の場合も，婚姻の解消が離婚による場合と同様の規律とすべきとの指摘もあったところである。

　そこで，【甲案】は，母の再婚後に生まれた子は一律に再婚後の夫の子と推定することを提案するものである。

⑸　【乙案】妻の再婚後に生まれた子は，前夫の死亡の場合を除き，再婚後の夫の子と推定する案

　【乙案】は，婚姻の解消の原因が死別である場合は，離婚の場合に比して，直前まで夫婦の同居及び性関係が継続している可能性が高く，生まれた子が前夫の子である蓋然性が低いということはできず，母が子の出生前に別の男性と再婚している事実があるとしても，それは前夫の死亡後の事情であり，その事情によって，前夫の生物学上の子である蓋然性より再婚後の夫の生物学上の子である蓋然性の方が高いとはいえないことを前提とする案である。

　また，本部会においては，婚姻の解消の効果について，離婚の場合と死別の場合とでは，生存配偶者の氏及び姻族関係について，後者の方が前者に比べて，婚姻の効果を維持・継続する方向に規律されていること（注２１）とのバランスを

考慮すべきではないかとの指摘や，死別による婚姻解消の場合にも再婚後の夫の子と推定すると，前夫の相続人である母の行動によって，子が前夫の相続人たる地位を失うことになるので，慎重に検討すべきといった指摘もあったところである。

　そこで，【乙案】は，母の再婚後に生まれた子について，前婚の解消が前夫の死亡による場合を除き（すなわち，前婚の解消が離婚による場合又は婚姻の取消しの場合において），再婚後の夫の子と推定することを提案するものである。

⑹　任意認知又は強制認知がされた場合には前夫の子と推定しないとする規律等

　本部会においては，婚姻の解消等の後に生まれた子については，婚姻中に懐胎した場合でも，婚姻中に出生した子に比して，前夫の生物学上の子である蓋然性が低いことから，妻の再婚の有無にかかわらず，任意認知又は強制認知がされた場合には前夫の子と推定しないとすることが考えられる旨の指摘がされた（注22）。

　他方で，まず，任意認知については，現行法上，婚姻中に懐胎した子については嫡出推定が及ぶことから認知ができないこととされているにもかかわらず，第三者が（胎児）認知をした場合には嫡出推定が及ばなくなるとすることは，現行の嫡出推定制度の趣旨を大きく変更することになる上，生物学上の父子関係の蓋然性の有無のみによって，離婚後に生まれた子についてのみこのような例外を設けることが合理的かどうかについては疑問があるとの指摘もある。なお，現行法では，任意認知に関し，胎児認知について母の承諾が必要であるとしても，認知者が子の生物学上の父であることが必要とされていないことから，事後的に認知者と子との間に生物学上の父子関係がないことが明らかになった場合には，利害関係人が提起する認知無効の訴えにより認知が無効となる可能性があり，認知無効の訴えの提訴期間に制限がないことも踏まえると，任意認知がされた場合には前夫の子と推定しないとする規律を設けることは，子の身分関係を不安定とするものといえる。

　また，離婚による婚姻解消後300日以内に生まれた子による強制認知は，現行法上，推定の及ばない子に限り，父子関係を否定することを認めるものであるが，これを婚姻の解消等の後に生まれた子一般に拡大することは，生物学上の父子関係の有無のみによって嫡出推定の例外を設けることになる。嫡出推定制度は，父母の婚姻関係を前提に子の父を推定し，推定される嫡出子について嫡出否認の訴えの提訴権者及び提訴期間を限定することで，子の身分関係の安定を図っているが，生物学上の父子関係の蓋然性の有無のみによって，離婚後に生まれた子についてのみこのような例外を設けることは，生物学上の父子関係を過度に重視することになり，その合理性には疑問があるとも考えられることから，本試案では提案されなかったが，本部会においては，この点については，引き続き，検討することとしている。

（注16）母の婚姻解消後３００日以内かつ婚姻後２００日以内に出生した子について

　　　　法務省において，平成２９年６月時点における，全国で平成２６年から平成２８年に出生した子（302万9074件）のデータを調査したところ（本件調査），以下の結果が判明した。

　　　①　母の婚姻解消後３００日以内かつ婚姻後２００日以内に出生した子の数　　1717件
　　　②　母の再婚後の夫を父とする子　　　　　　　　　　　　　　1659件（①の96.6%）

　　　　　　　　　　　　　（出生事項の特記事項については後記（注１７）参照）

　　　③　母の前夫（婚姻解消後３００日以内）を父とする子　　　58（※）件（①の3.4%）

　　　※　母の前夫（婚姻解消後３００日以内）を父とする子について，令和元年６月時点のデータを調査したところ，嫡出否認の裁判等を理由に52件（①の3.0%）に減少していた。

（注17）母の婚姻解消後３００日以内かつ婚姻後２００日以内に出生した子のうち，母の再婚後の夫を父とする子の出生事項の特記事項

　　　　母の婚姻解消後３００日以内かつ母の婚姻後２００日以内の子について，記載例等によれば，嫡出否認の裁判確定や懐胎時期に関する証明書を添付する方法で，現婚の夫を父として出生届を提出することができ，その場合は出生事項の特記事項に「親子関係不存在確認の裁判確定」や「民法第７７２条の推定が及ばない」と記載される。本件調査における，母の現夫を父とする子（全1,659件）の出生事項の特記事項の調査結果は以下のとおりである。

　　　①　民法第７７２条の推定が及ばない　　　　　　　493（※1)件（全体の29.7%）
　　　②　認知の裁判確定　　　　　　　　　　　　　　　203（※2)件（全体の12.2%）
　　　③　嫡出子否認の裁判確定　　　　　　　　　　　　142 件（全体の 8.6%）
　　　④　親子関係不存在確認の裁判確定　　　　　　　　275（※3)件（全体の16.6%）
　　　⑤　出生事項の特記事項は空欄　　　　　　　　　　546 件（全体の32.9%）
　　　├　生まれたときの戸籍が紙戸籍　　　　　　　　　　8 件（全体の 0.5%）
　　　├　同一人と再婚　　　　　　　　　　　　　　　　428 件（全体の25.8%）
　　　└　現夫（≠前夫）を父にしている　　　　　　　　110 件（全体の 6.6%）

　　　※1　「民法７７２条の推定が及ばない」という記載１３件を含む。
　　　※2　「認知の審判確定」という記載２件を含む。
　　　※3　「親子関係不存在確認の審判確定」という記載１件及び「親子関係存在確認の裁判確定」という記載１件を含む。

（注18）母が複数回再婚及び離婚をした後に子を出産した場合の規律について

　　　　「③」は，婚姻の解消又は取消しの日から３００日以内に生まれた子について，子の出生までに母が一度再婚した場合の規律について提案するものであるが，母が複数回再婚及び離婚をしていた場合の取扱いは，次のようになると考えられる。

　　　　例えば，母が前夫Ａと離婚し，前夫以外の男性Ｂと再婚したものの離婚し，さらに別の男性Ｃと再婚した後に子が出生した事例を前提とすると，【甲案】と【乙案】のいずれによったとしても，一番最後の（子の出生の直前の）再婚後の夫Ｃの子と推定する。このような帰結は，子にとって適切な養育を期待することができるという観点や再婚後

の家庭の平穏を維持するという観点からも適切である。

　このように考えた場合には，Ａが生物学上の父であったときに，Ａが子の父と推定されるためには，Ｃの子であるという推定を否認した上で，Ｂの子であるという推定を否認する必要があることになるが，未成年の子は，Ｃを被告として，Ｃの子であるという推定に対する嫡出否認の訴えを提起するのと同時に，Ｂを被告として，Ｂの子であるという推定に対する嫡出否認の訴えを提起することができ，これらの訴えが係属する家庭裁判所が両者を同時に審理して本案判決をする余地もあると考えられる（未成年の子の否認権を認めることについては，本文第4の2参照）。また，前夫Ａは，本文第4の3の規律により，Ｃの子であるという推定を否認し，Ｂの子であるという推定を否認することもできる。

　さらに，母が前夫Ａと死別し，前夫以外の男性Ｂと再婚したものの離婚し，さらに別の男性Ｃと再婚した後に子が出生した事例を前提とすると，【甲案】によった場合は，上記と同様，Ｃの子と推定することになるが，【乙案】によった場合には，前夫Ａの子であるという推定とＣの子であるという推定が重複することになるので，父を定めることを目的とする訴えによることになる。なお，Ｂについては，子の父と推定されないが，Ｃの子という推定が否認された場合には子の父と推定されることから，Ｂも含めた父を定めることを目的とする訴えによるとすることも考えられる。

(注19)　母の婚姻解消後３００日以内に生まれた子について

　本見直しによる影響を把握するため，東京法務局など１７局で把握している無戸籍者（合計 1211 名）について，母の婚姻状況を戸籍から確認する調査をした結果は以下のとおりである。

　　①　離婚後 300 日以内に生まれた子　　　　　　　　　　　　　808 名
　　②　①のうち母が離婚後 300 日以内に婚姻し，その後に出生した者 289 名 (35.8%)
　　③　①のうち母が離婚後 300 日以内に婚姻している者(②を除く)　89 名 (11.0%)
　　　　→②と③の合計：378 名 (46.8%)
　　④　①のうち母が離婚後 2 年以内に婚姻している者(②及び③を除く) 67 名 (8.3%)
　　　　→②と③と④の合計：445 名 (55.1%)

(注20)　ドイツ民法における子の出生時に母が再婚した場合の規律

　ドイツでは，夫の死別により婚姻が解消した場合には，死別の日から３００日以内は亡父の父性推定が及ぶが，子の出生時に母が再婚した場合には，再婚後の夫が父となる（ドイツ民法第１５９３条第１文，第3文）。これは，母が前夫の死亡後すぐに再婚した場合，死亡した夫との婚姻関係は通常破綻していたと考えられるためであるとされている。

(注21)　氏及び姻族関係に関する規律

　民法は，婚姻によって氏を改めた夫又は妻の氏について，離婚の場合は当然に婚姻する前の氏に復することを原則とするのに対し（民法第７６７条第１項，第７７１条），死別の場合は当然には復氏せず，届出によって婚姻する前の氏に復することができるとしており（民法第７５１条第１項，戸籍法第９５条），また，姻族関係について，離婚によって終了するとしているのに対し（民法第７２８条第１項），死別の場合は，当然

には終了せず，生存配偶者が，届出によって姻族関係を終了させる意思を表示したときに終了するとしている（同条第２項，戸籍法第９６条）。

(注22) そのほか，本部会においては，例えば，フランスにおいて，父性推定は子の出生証書が父の資格で夫を表示しないときには排除され（同法第３１３条第１文），出生証書に父として記載された者が子の法律上の父となるとされていることなどを参考として，嫡出推定が及ぶか否かについて出生届などの記載により判断することが考えられるなどの指摘もあったが，このような考え方は婚姻の解消等の日から３００日以内に生まれた子のみならず，嫡出推定が及ぶ期間に生まれた子一般に影響を与える可能性があるほか，母のみに訴訟によることなく嫡出推定を排除するか否かの選択権を与えることについて，夫の地位との関係でどのように考えるべきか，出生届に実体法上の効果を与えることが相当かといった問題があるとの指摘もあった。

２　再婚後の夫の子であるという推定に対する嫡出否認の効果

【見直しの要点】

　　再婚後の夫の子であるという推定が否認されたときは，再婚後の夫と子との間の父子関係は出生の時に遡って消滅し，子は出生の時から前夫の子と推定するものとする。

【説明】

１　見直しの必要性

　　「第２・１③」を採用し，婚姻の解消等の日から３００日以内に生まれた子であって，母が前夫以外の男性と再婚をした後に出産したものは，再婚後の夫の子と推定するという規律（以下「嫡出推定の例外規定」という。）を採用した場合には，再婚の夫や子等が否認権を行使し，推定される父子関係を否認することが想定される。

　　したがって，そのような場合の効果について整理する必要があると考えられる。

２　本試案の概要等

(1)　概要

　　本試案の「第２・２」は，否認権の行使により再婚後の夫の子であるという推定が否認されたときは，再婚後の夫と子との間の父子関係は出生の時に遡って消滅し，子は出生の時から前夫の子と推定することを提案するものである。

　　なお，「(注２)」に付記するとおり，否認権者については，再婚後の夫，「第４・３」の規律による前夫，「第４・２」の【甲案】及び【乙案】による子，「第４・２」の【乙案】を採用した場合の母を想定している。

(2)　再婚後の夫の子との推定が否認された場合に生じる効果に関する考え方

　　上記のような効果が生じる根拠については，「第２・１③」の規律（嫡出推定の例外規定）の法的性質をどのように理解するかによって異なると考えられる。

　すなわち，上記規律の法的性質について，㋐母の再婚の日から前婚の解消又は取消しの日の後３００日までの期間は，前婚と再婚の双方の嫡出推定が存在しているが，再婚の嫡出推定が優先しているという理解と，㋑前婚の解消又は取消しの日の後３００日以内であっても，母の再婚後は前婚の嫡出推定は排除されており，母の再婚の日から前婚の解消又は取消しの日の後３００日までの期間は，再婚の嫡出推定のみが存在しているという理解があり得る。上記㋐のように考えれば，否認の効果により，劣後していた前夫の子であるという推定が依然として存在するという説明をすることができるほか，上記㋑のように考えた場合には，（嫡出推定の重複という複雑な法律関係を回避した上での）父子関係の早期安定の確保などの制度的要請から，前婚の嫡出推定が復活すると説明することが考えられるところ，本部会においては，これらのいずれの考え方を採るべきかについては，引き続き，検討することとしている。

　なお，「第２・１」の「③」の規律について，【乙案】は，前夫の子との嫡出推定と再婚後の夫の子との嫡出推定が重複することを前提としているものであるから，再婚後の夫の子との嫡出推定が否認された場合に前夫の子との嫡出推定が残ることになることは当然であると考えられる。

⑶　再婚後の夫の子であるという推定が否認されたことにより，前夫の子と推定された者の価額支払請求権

　「第２・１」の「③」の規律を採用した場合には，婚姻の解消又は取消しの日から３００日以内に生まれた子であって母が前夫以外の男性と再婚した後に出産したものについて，前夫が死亡した後に再婚後の夫の子であるという推定が否認されるというケースも生じ得る。このようなケースにおいて（「第２・１」の「③」の【甲案】を採用した場合，又は，「第２・１」の「③」の【乙案】を採用した場合に，婚姻の解消原因が離婚であるときや婚姻の取消しがあったとき），「再婚後の夫の子であるという推定が否認されたときには再婚後の夫と子との間の父子関係は出生の時に遡って消滅し，子は出生の時から前夫の子と推定する」という規律を適用すると，その子は前夫の相続人となると考えられるが，再婚後の夫の子であるという推定が否認された時点において，他の共同相続人が既に遺産の分割その他の処分をしている事態が生じることも想定される。そこで，そのような場合に備えて，民法第９１０条（相続の開始後に認知された者の価額の支払請求権）を参考として，新たに前夫の子と推定された者は価額のみによる支払の請求権を有するとすることが考えられるため，「（注２）」において引き続き検討することとしている。

第3　女性の再婚禁止期間の見直し

【見直しの要点】

　女性の再婚禁止期間を撤廃するものとするが，その場合の規律の在り方については，次の２案を提案する。

【甲案】民法第７３３条を削除する（「第２・１」の「③」【甲案】を前提にするもの）。

【乙案】民法第７３３条を削除した上で，前夫の子であるという推定と再婚後の夫の子であるという推定とが重複する場合には，父を定めることを目的とする訴えにより父を定めることとする（「第２・１」の「③」【乙案】を前提にするもの）。

【説明】

1　見直しの必要性及び本試案の概要

　民法第７３３条第１項は，「女は，前婚の解消又は取消しの日から起算して１００日を経過した後でなければ，再婚をすることができない」として，女性の再婚禁止期間を定めている。

　再婚禁止期間の定めは，嫡出推定制度と密接な関係を有し，女性の再婚後に生まれた子について，前夫の嫡出推定と再婚後の夫の嫡出推定との重複を回避することを目的とするものであると考えられ（最大判平成２７年１２月１６日民集６９巻８号２４２７頁参照），現行法の，婚姻の解消又は取消しの日から３００日以内に生まれた子は前夫の子と推定し，再婚の日から２００日経過後に生まれた子は再婚後の夫の子と推定するとの規律を前提とすると，その推定の重複を避けるために１００日の再婚禁止期間が必要となる（注１）（注２）。

　もっとも，「第２・１」の「③」【甲案】の見直しをした場合には，婚姻の解消又は取消しの日から３００日以内に生まれた子について，母の再婚前に生まれた子は前夫の子と推定され，母の再婚後に生まれた子は再婚後の夫の子と推定されることになるため，嫡出推定の重複により父が定まらない事態は生じないこととなる。そこで，【甲案】は，上記見直しがされることを前提として，女性の再婚禁止期間に関する民法第７３３条を削除することを提案するものである。

　また，「第２・１」の「③」【乙案】の見直しをした場合には，死別による婚姻の解消の日から３００日以内に生まれた子であって母が前夫以外の男性と再婚した後に出産したものについては，なお嫡出推定の重複が生ずることとなるが，そのような事案はそれほど多くないと想定されることも踏まえると，再婚禁止期間の定めを設ける必要性が低くなるものと考えられる。そこで，【乙案】は，上記見直しがされることを前提として，再婚禁止期間に関する規定を削除するとともに，前夫の子であるという推定と再婚後の夫の子であるという推定とが重複する場合には，父を定めることを目的とする訴えにより父を定めるものとするものである（注３）（注４）（注５）。

　（注１）上記最大判は，平成２８年の改正前の民法第７３３条第１項の規定が，再婚後に前夫

の子が生まれる可能性をできるだけ少なくして家庭の不和を回避するという観点や，再婚後に生まれる子の父子関係が争われる事態を減らすことによって血統に混乱が生ずることを避けるという観点から，嫡出推定の重複する１００日に限定せず，一定の期間の幅を設けていたことについて，旧民法起草当時や現行民法が戦前の規定を引き継いで制定された当時の医療や科学技術の程度等の諸事情に照らせば，不合理であったとはいい難いとしたが，医療・科学技術が発達した今日においては，上記各観点から，平成２８年の改正前の民法第７３３条第１項の規定が，「厳密に父性の重複することを回避するための期間を超えて婚姻を禁止する期間を設けることを正当化することは困難」になったとして，同規定のうち「１００日超過部分は合理性を欠いた過剰な制約を課すものとなっている」と判断した。

（注２）上記最大判は，平成２８年改正前の民法第７３３条第１項の規定について，「以上のような立法の経緯及び嫡出親子関係等に関する民法の規定中における本件規定（引用者注：民法第７３３条第１項の規定をいう。）の位置付けからすると，本件規定の立法目的は，女性の再婚後に生まれた子につき父性の推定の重複を回避し，もって父子関係をめぐる紛争の発生を未然に防ぐことにあると解するのが相当であり（略），父子関係が早期に明確となることの重要性に鑑みると，このような立法目的には合理性を認めることができる。」とし，「夫婦間の子が嫡出子となることは婚姻による重要な効果であるところ，嫡出子について出産の時期を起点とする明確で画一的な基準から父性を推定し，父子関係を早期に定めて子の身分関係の法的安定を図る仕組みが設けられた（引用者注：嫡出推定制度の）趣旨に鑑みれば，父性の推定の重複を避けるため（略）１００日について一律に女性の再婚を制約することは，(略)上記立法目的との関連において合理性を有する」と判断した。

　　また，「仮に父性の推定が重複しても，父を定めることを目的とする訴え（民法７７３条）の適用範囲を広げることにより，子の父を確定することは容易にできるから，必ずしも女性に対する再婚の禁止によって父性の推定の重複を回避する必要性はないという指摘」に対しては，「父性の推定が重複する期間内に生まれた子は，一定の裁判手続等を経るまで法律上の父が未定の子として取り扱わざるを得ず，その手続を経なければ法律上の父を確定できない状態に置かれることになる。生まれてくる子にとって，法律上の父を確定できない状態が一定期間継続することにより種々の影響が生じ得ることを考慮すれば，子の利益の観点から，上記のような法律上の父を確定するための裁判手続等を経るまでもなく，そもそも父性の推定が重複することを回避するための制度を維持することに合理性が認められるというべきである」とした。

（注３）再婚禁止期間に関する法制は，以下のとおりである。

　○ドイツ

　　１９９８年に再婚禁止期間は廃止されている。

　　なお，前夫の死亡後３００日以内に，母が再婚し，子を出生した場合は，父性推定の重複が生じ得ることになるが，この場合は再婚後の夫が父となり（ドイツ民法第１５９３条第３文），再婚後の夫が子の父でないことが既判力をもって確認されたときは，死亡した前夫がその子の父となる（同条第４文）とされている。

　　　○フランス
　　　　２００５年に再婚禁止期間は廃止されている。
　　　　なお，父性推定の重複が生じ得る場合もあるが，父性推定は，子の出生証書が父の資格
　　　で夫を表示しないときには排除されるので（フランス民法第３１３条第１文），出生証書
　　　に父として記載された者が子の法律上の父となるとされている。
　　　○アメリカ（統一親子関係法〔２０１７年〕）
　　　　再婚禁止期間の定めはない。
　　　○イギリス（イングランド法）
　　　　再婚禁止期間の定めはない。
　　　○韓国
　　　　２００５年に再婚禁止期間を廃止している。
　　　　なお，女性が，配偶者の死亡又は離婚により婚姻が解消された後，すぐに再婚をして子
　　　を出産した場合等には，子の出生日が再婚後２００日以内であると同時に，前婚の終了日
　　　から３００日以内となって，親生推定が重複する事態が生じ得る。この場合には，父を定
　　　めることを目的とする訴えによって父子関係を定めることとされている（韓国民法第８４
　　　５条）。
　　　○台湾
　　　　１９９８年に再婚禁止期間を廃止している。
　　　　なお，女性が，夫の死亡後，すぐに再婚をして子を出産した場合等には，子の出生日が
　　　前婚の終了日から３００日以内となって嫡出推定が重複する事態が生じ得る。もっとも，
　　　戸籍実務では母が再婚後の夫の子を父とする出生届を提出した場合は，民法に合致し受理
　　　すべきであるとしているほか，父の確認の訴えによって父子関係を定めることができると
　　　されている。
（注４）国際連合の自由権規約委員会，女子差別撤廃委員会から，再婚禁止期間を撤廃する旨
　　　　の勧告や懸念が示されている。
（注５）令和２年１２月２５日に閣議決定された第５次男女共同参画基本計画では，女性の再
　　　　婚禁止に係る制度の在り方等について検討を進めるとされた。

２　【甲案】
(1)　【甲案】の概要
　　　上記１のとおり，「第２・１」の①，②及び③【甲案】の見直しをした場合には，
　　再婚禁止期間の定めを設ける必要性が失われると考えられるため，【甲案】は，女
　　性の再婚禁止期間に関する民法第７３３条を削除することを提案するものであ
　　る。

(2)　検討すべき事項
　　　民法第７７３条は，「第７３３条第１項の規定に違反して再婚をした女が出産
　　した場合において、前条の規定によりその子の父を定めることができないときは、
　　裁判所が、これを定める。」と規定しており，民法第７３３条が削除されると，父

を定めることを目的とする訴えの適用場面がなくなり，同法第７７３条の規定も削除することが考えられる。

　他方で，嫡出推定の重複は，民法第７３３条の再婚禁止期間に違反して再婚がされた場合だけでなく，民法第７３２条の重婚の禁止に違反して婚姻がされた場合にも生じ得るものであり，この場合において，民法第７７３条の類推適用を認めるのが通説であるとされている（中川善之助ほか編「新版注釈民法(23)親族(3)親子(1)」184頁〔日野原昌〕）。そうすると，民法第７３３条を削除したとしても，民法第７７３条は削除せずに，父を定めることを目的とする訴えは，民法第７３２条の場合（重婚の禁止に違反して婚姻がされた場合）に用いるものとすることも考えられるところであり，本部会においては，この点について，引き続き検討することとしている。

3　【乙案】

(1)　【乙案】の概要

　前記１のとおり，「第２・１」の「③」【乙案】を採用した場合には，再婚禁止期間に関する規定を削除するとともに，前夫の子であるという推定と再婚後の夫の子であるという推定とが重複する場合には，父を定めることを目的とする訴えにより父を定めるものとするものである。

(2)　基本的な考え方

　死別による婚姻の解消から３００日以内に生まれた子であって母が前夫以外の男性と再婚した後に出産したものについては，なお嫡出推定の重複が生ずることとなるが，現行法とは異なり，このような場合は，死別による婚姻解消の場合に限られることとなるため，嫡出推定の重複が生じる事案はそれほど多くないと想定されることも踏まえると，再婚禁止期間の定めを設ける必要性が低くなるものと考えられる。

　また，嫡出推定の重複を避けるために女性の再婚禁止期間を現在の１００日から３００日に伸長することは現実的ではないと考えられることも踏まえ，【乙案】は，当事者に手続の負担を課すことになるが，前夫の子であるという推定と再婚後の夫の子であるという推定とが重複する場合の解決として，父を定めることを目的とする訴えによるものとするものである。

(3)　検討すべき事項

　現行法の民法第７７３条は，「第７３３条第１項の規定に違反して再婚した女が出産した場合において」，嫡出推定規定により子の父を定めることができないときは，父を定めることを目的とする訴えを提起することができるとしているが，【乙案】の見直しをした場合には，前夫との死別後，再婚して死別から３００日以内に子を出産したときに，前夫の子であるという推定と再婚後の夫の子であるという推定とが重複し得るので，その場面で民法第７７３条を適用することがで

きるように，同条を見直す必要があると考えられる。

　また，現行法では，父を定めることを目的する訴えの原告適格は，子，母，母の再婚後の夫又はその前夫に認められているところ（人事訴訟法第４３条第１項），前夫の子であるという推定と再婚後の夫の子であるという推定とが重複する場合には，前夫は既に亡くなっているため，前夫の相続人もしくは親族に原告適格を認める必要があるかなども問題になることが考えられる。これらの点について，引き続き検討することとしている。

第4　嫡出否認制度の見直し

1　夫の否認権の見直し

【見直しの要点】

　　夫が提起する嫡出否認の訴えは，夫が子の出生を知った時から【3年】【5年】以内に提起しなければならないものとする。

【説明】

1　否認権の行使期間の見直しの必要性

　　現行の民法第777条は，夫の否認権は，夫が子の出生を知った時から1年以内に嫡出否認の訴えを提起して行使しなければならないと規定する（注1）。

　　夫の否認権の行使期間をどのように定めるかは立法政策に属する事項であるとされているが，現行の行使期間の趣旨については，子の身分関係を早期に安定させ，子の利益の保護を図ること，第三者への家庭への介入を否定し，家庭の平穏を守ること等が指摘されている（注2）（注3）。このほか，期間の経過により夫が子の父子関係を黙示に承認したと考えられること，時間の経過によって証拠が散逸するおそれがあること等が指摘されることもあり，これらの種々の要素から，否認権の行使期間が根拠付けられているものと考えられる。

　　他方で，現行の行使期間の定めに対しては，夫が否認権を行使するための期間として短か過ぎるため，夫が十分に否認権を行使することができていないとの指摘がある。例えば，夫が，子の出生後の間もない時期に子の出生を知ったものの，子が成長するにつれて，その容貌等から生物学上の父子関係の存在を疑うに至った場合などを想定すると，子の出生を知った時から1年間という期間では，夫は否認権を行使するか否かを判断するために十分な期間が与えられているとはいえないと指摘されている。

　　また，「第4・2」では，子や母にも否認権を認めることを提案しているが，これらの否認権の行使期間とのバランスにも配慮する必要がある。

　　本試案の「第4・1」は，これらを踏まえ，民法第777条の規律する夫の否認権の行使期間を見直すものである。

　　（注1）この期間はいわゆる除斥期間であり，嫡出否認の訴えの提起を受けた裁判所は，職権でこれを調査し，行使期間を徒過している場合には訴えを却下しなければならないこととされている。

　　（注2）最判平成26年7月17日（判例集未登載）は，民法第777条について，「民法772条により嫡出の推定を受ける子につき夫がその嫡出子であることを否認するためにはどのような訴訟手続によるべきものとするかは，立法政策に属する事項であり，同法777条が嫡出否認の訴えにつき1年の出訴期間を定めたことは，身分関係の法的安定を保持する上から合理性を持つ制度であって，憲法13条に違反するものではな」いと説示し

ている。

（注3）行使期間の長さについては，明治民法の起草時，子の出生を知った時に夫が遠方に
いる場合等があることをも勘案し，当時の外国の立法例の中でも最長の例によって，１年
としたものと説明されている（法務大臣官房・司法法制調査部「法典調査会民法議事速記
録（六）」５２５頁〔富井政章発言〕）。

　　もっとも，現在では，以下のとおり，諸外国等でもその期間が伸長されている。

　　ドイツでは，民法制定時は，夫は「夫が子の出生を知った時から１年」以内に否認権を
行使すべきものとされていたが，１９６１年及び１９６９年の各改正により，全ての否認
権者について，「子の父性に反する事情を知った時から２年」以内に行使することとされ
ている（ドイツ民法第１６００ｂ条）。

　　フランスでは，現行法上，出生証書と一致した身分占有が５年間継続しているときは，
検察官を除き，親子関係を争うことはできず（フランス民法第３３３条第２項），身分占有
が終了したときは，父子関係を否定する訴えの提訴権は，身分占有が終了した日から５年
で時効となることとされている（フランス民法第３３３条第１項）。

　　アメリカの統一親子関係法（２０１７年）では，「子の出生の日から２年間」とされてい
る（統一親子関係法第６０８条）。

　　韓国では，当初，「その出生を知った日から１年以内に提起しなければならない」とされ
ていたが，憲法裁判所が憲法不合致決定をしたことから，２００５年に「その事由がある
ことを知った日から２年」とする改正がされた（韓国民法第８４７条第１項）。

　　台湾では，１９３１年民法では，「夫が子の出生を知った時から１年以内に提起しなけ
ればならない」としていたが，２００７年改正により「嫡出でないことを知った時から２
年以内に提起しなければならない」こととされた（台湾民法第１０６３条第３項）。

　　オーストリアでは，申立ては，父子関係の不存在を疑わせる事実を知った時から２年以
内に限りすることができるとされている（オーストリア民法第１５３条第１項）。

２　見直しの趣旨及び内容

(1)　否認権の行使期間の意義

　ア　上記１記載のとおり，現行法上，民法第７７７条により，夫の否認権の行使
期間が設けられている趣旨としては，主として，子の身分関係を早期に安定さ
せることや夫婦の家庭の平穏を維持すること等が挙げられ，これらの複合的な
要素により否認権の行使期間が基礎付けられているものと考えられる。

　　　本部会では，夫に否認権行使の機会を十分に与える等の観点から，行使期間
を伸長することが必要であるとしても，子の身分関係の早期安定や夫婦の家庭
の平穏を維持するという現行制度の趣旨を変える必要はないとの意見が多数
であった。そこで，本試案では，否認権の行使期間を伸長する必要性を踏まえ
て，合理的な行使期間を定めることが相当であるとの考えの下，その期間を伸
長することを提案している。

　イ　また，否認権の行使期間を伸長することとした場合には，否認権の行使期間
は，当該期間の経過によって，夫と子との間に推定される父子関係を前提とし

た社会的事実が形成されることから，推定される父子関係を法律上の父子関係として確定することが相当であることによって基礎付けられると考えられる。

　すなわち，夫が子の出生を知った後，一定期間が経過したときは，夫と子は一定の期間を親子として生活し，当事者以外の親族等からも親子と認識され，社会的にも親子と認知されている場合が多いと考えられることから，推定される父子関係を法律上の父子関係として確定し，夫から争うことができないものとするのが相当である（注4）。

（注4）諸外国等では，次のように，子の父と推定される者が，一定期間子と同居したり，子を自らの子と取り扱ったりといった事実関係があるなど，社会的な親子関係が形成されていることを法的な実親子関係の基礎とする考え方を採用している国等が存在する（特に，下線部を参照。）。
　　○アメリカ
　　　統一親子関係法（2017年）は，推定される親と子との親子関係に関する裁判に関し，次のような規定を設けている。
　　第608条
　　(a)　推定される親が子の親であるかどうかを決定する訴訟は，次の場合に提起することができる。
　　　⑴　子が成年に達する前
　　　⑵　子が成年に達したが，子自身が訴訟を提起する場合。
　　(b)　第204条による親子関係の推定は，裁判所が次の決定をなした場合を除き，子が2歳に達した後は覆すことができない。
　　　⑴　推定される親が遺伝上の親ではなく，子と同居したことがなく，かつ自己の子としてこの子を扱ったことがないこと
　　　⑵　（略）
　　(c)，(d)　（略）
　　　また，親子関係の推定に関しても，次のような規定を設けている。
　　第204条
　　(a)　ある自然人は，次の場合において子の親と推定される。
　　　⑴　（略）
　　　⑵　この自然人が子の出生後子が2歳になるまで，一時的な不在期間も含めて，子と同一世帯に居住しており，かつ公然とこの子を自己の子として扱っていた場合。
　　(b)　（略）
　　○フランス
　　　フランス民法では，身分占有の有無によって父子関係を争う訴えの提訴権者及び時効が異なることとされており，出生証書と一致した身分占有が，子の出生時又は認知時から5年間継続している場合は，検察官を除き，親子関係を争うことができず（フランス民法第333条第2項），5年未満である場合は，子，父，母又は真実の父と主張する者が，身分占有が終了した日又は父が死亡した日から5年間とされている（同条第1項）。

　　　身分占有とは，ある者が子の親であると思わせる明確な社会的事実から子と親の間の親子関係の成立を認めるものである。具体的には，①当事者に子として処遇されていること，②第三者により当事者の子とみなされていること等の事実の集積から身分占有が認められるとされ（第３１３条の１第１項），これらの事実の主要なものとして，(i)その者がそれから生じたとされる者によって，それらの者の子として取り扱われ，かつその者自身がそれらの者をその親として取り扱ったこと，(ii)それらの者が，親の資格で，その育成，養育及び自立に資したこと，（iii)その者が，社会においてかつ家族によって，それらの者の子として認められていること，(iv)その者が公権力によってそのような者としてみなされていること，(v)その者がそれらから生じたとされる者の氏を称していることが挙げられている（同条第２項）。

　　　このほか，身分占有は，父子関係の成立に関して，排除された父性推定の回復（第３１４条），公知証書により身分占有を確認することによる親子関係の確立（第３１７条）等の場面でも重要な役割を果たしているとされている。

⑵　行使期間の起算点及び長さ

　ア　本試案の「第４・１」は，夫の否認権の行使期間について，起算点は現行法の規律を維持しつつ（後記イ），その期間の長さを見直し（後記ウ），夫が子の出生を知った時から３年間とする案と５年間とする案の２つを提案している。

　イ　行使期間の起算点

　　(ア)　上記⑴の行使期間の意義を踏まえると，その起算点を定めるに当たっては，夫が否認権を行使することができる機会の確保とともに，子の身分関係の早期確定の要請との調和を図ることが必要である。また，当該期間の経過により，推定される父子関係を前提に親子としての社会的事実が形成されるためには，いかなる事実が必要かという観点からの検討も必要である。

　　　まず，子の身分関係を早期に確定させる観点からは，できる限り子の出生の時から客観的に起算されることが望ましい。他方で，夫は必ずしも子の出生の事実を認識しているとは限らず，否認権は妻が懐胎し，出産した特定の子について行使されるべきものであるから，夫の否認権行使の機会を確保するためには，夫がその子の出生の事実を認識していることが必要であると考えられる。

　　　また，夫が子の出生を知った後，一定期間が経過した場合には，夫と子は一定期間を親子として生活し，当事者以外の親族等からも親子と認識され，社会的にも親子と認知されていることが多いと考えられ，他方で，夫が子の出生すら知らない場合には，父子関係の実体が形成されたとは言えないことから，否認権の行使の機会を確保することが相当であると考えられる。

　　　そこで，「第４・１」は，夫の否認権の行使期間の起算について，現行法のとおり，夫が子の出生の事実を知った時から起算することとしている。

　　(イ)　なお，本部会では，「第４・１」の提案の他に，諸外国等の例を参考に，「夫がその子について否認権を行使することができることを知った時」から

起算する否認権の行使期間を設けるという案についても検討がされた（注5）。

　　本部会では，このような行使期間を定める意義として，夫がその子について否認権を行使することができることを知った時，すなわち，その子が自らの子でないことを知った時から，否認権の行使期間を起算することになるため，夫が自らの子であると信じている間は否認権の行使期間が経過せず，夫が否認権を行使するか否かを検討する機会を保障することができる点が指摘された。また，行使期間が経過したときは，否認権者は，子が夫の生物学上の父でないことを知りつつ否認権を行使しなかったのであるから，父子関係を黙示に承認したと評価することができるという意義も指摘された。しかし，このような案に対しては，現行の嫡出否認制度との連続性を欠くという指摘や，夫が自らの子でないことを知った時という主観的事情の有無が争いとなった場合には，この要件の認定が困難であり，紛争が長期化するおそれがあるとの指摘があったことから，本試案においては，上記のような案は，提案していない。

　　なお，「第4・1」の規律であっても，現行法よりも行使期間の長さを伸長することになることから，夫は，子の存在を知った時から一定期間内に父子関係の存否を疑い，必要があればDNA型鑑定等を実施するなどして生物学上の父子関係の存否を確認することもでき，期間経過後は父子関係を否定することができないこととしても，否認権者にとって不当な結果を生ずることは少なくなるものと考えられる。

ウ　行使期間の長さ

　　行使期間の長さを定めるに当たっても，夫の否認権の行使の機会を保障するという要請と子の身分関係の早期安定の要請との調和を図ることが必要となる。もっとも，夫が否認権を行使しようと考えるに至る事情は，様々であると考えられることからすると，どの程度の期間であれば否認権を行使するために十分な期間であるかは一義的には明らかでないと考えられる。

　　他方で，一般に，夫は，単に生物学上の父子関係の有無によって，否認権を行使するかどうかを判断するのではなく，生物学上の父子関係の不存在についての確信の程度（容貌が似ていないことや懐胎時期に夫婦の性交渉がなかったこと等による漠然とした疑いか，DNA型鑑定によりほぼ確実に父子関係がないことを確信したか等），従前の夫婦関係（婚姻が継続しているか，破綻しているか，離婚しているか），夫婦の婚姻関係を継続する意思の有無，生まれた子を養育する意思の有無など様々な事情を考慮して，否認権を行使するかどうか判断するものであると考えられる。また，家事調停の申立てや人事訴訟の提起に要する期間や，離婚等の関連する紛争の解決に要する期間等を考慮する必要があると考えられる。

　　さらに，嫡出推定規定により，子は出生時から推定される法律上の父が存在し，それを前提に法律関係が形成され，法律上の父が子の養育を行っている場

合には，父子としての社会的関係も形成されていくことになるが，嫡出否認によって，それまでに形成された法律関係，社会的関係が覆されると，関係者が予期せぬ不利益を被るおそれがあることに加え，子に不安を与え，その人格形成に影響を与え得るものと考えられる（注６）。

　以上を踏まえ，推定される父子関係が否定されることによる子への人格形成への影響を考慮すると，いわゆる物心が付く年齢（３歳頃）までに父子関係が確定していることが望ましいとも考えられる。このような観点からは，夫の否認権の行使期間は，夫が子の出生を知った時から３年とすることが相当であると考えられる。また，一定の年齢に達した後は年齢が高くなるにつれて，推定される父子関係が否認されることによる子への心理的影響は大きくなると考えられ，社会的にも推定される父子関係が真実の父子関係として認識されるようになることからすると，義務教育を受け始める年齢（６歳頃）までには父子関係が確定していることが望ましいとも考えられる。このような観点からは，行使期間を夫が子の出生を知った時から５年とすることが相当であると考えられる。以上を踏まえ，本試案では，夫の否認権の行使期間について，子の出生を知った時から３年間とする案又は５年間とする案のいずれかによるものとしている（注７）。

（注５）このような立法例として，ドイツ，韓国，台湾の民法がある（上記注３参照）。

（注６）親子関係不存在確認の訴えを権利濫用に当たり許されないとした最判平成１８年７月７日民集６０巻６号２３０７号は，虚偽の出生届出から父の死亡まで約５５年間，実の親子と同様の生活の実体があったという事案について，「真実の親子関係と異なる出生の届出に基づき戸籍上甲乙夫婦の嫡出子として記載されている丙が，甲乙夫婦との間で長期間にわたり実の親子と同様に生活し，関係者もこれを前提として社会生活上の関係を形成してきた場合において，実親子関係が存在しないことを判決で確定するときは，虚偽の届出について何ら帰責事由のない丙に軽視し得ない精神的苦痛，経済的不利益を強いることになるばかりか，関係者間に形成された社会的秩序が一挙に破壊されることにもなりかねない」としている。

（注７）３年間又は５年間という権利の行使期間の長さについて，民法の親族・相続編に参考となる適切な規定はないものの，例えば，３年については，父又は母の死亡後の認知の訴えは，その死亡の日から３年以内に提起しなければならないとされていること（民法第７８７条），また，５年については，親権者とその子の間に財産管理について生じた債権は，その管理権が消滅した時から５年間これを行使しないときは，時効によって消滅するとされているほか（民法第８３２条第１項），相続回復請求権は，相続人又はその法定代理人が相続権を侵害された事実を知った時から５年間これを行使しないときは，時効によって消滅するとされていること（民法第８８４条）等が参考になり得る。

2　子及び母の否認権の新設

【見直しの要点】

　未成年の子にも否認権を認めることとし，母の否認権について，これを認めない案と認める案の2案を提示している。

【説明】

1　見直しの必要性

　現行の民法第774条は，民法第772条の推定が及ぶ子については，夫のみがその父子関係を否認することができることとしている。

　民法が，否認権者を夫に限定し，その行使期間についても，民法第777条により，夫が子の出生を知った時から1年以内という厳格な制限を置いている趣旨は，民法第772条で推定される父子関係を早期に確定し，子の地位を安定させ，家庭の平穏を守るためであり，このほかにも，期間の経過により夫が子の父子関係を黙示に承認したと考えられること，時間の経過によって証拠が散逸するおそれがあること等が指摘されている。また，夫を否認権者とする点については，夫は，通常，妻が懐胎した子との生物学上の父子関係について判断し得る立場にあること，また，その夫が嫡出否認の訴えを提起することなく提訴期間を経過した場合には，夫による子の養育を期待することができると考えられたことによるものである。

　他方で，現行制度に対しては，（前）夫の協力を得られない母や，夫から家庭内暴力を受けている母などが，その子が戸籍上（前）夫の子と記載されることを避けるために出生届を提出しないことがあり，このことが無戸籍者問題の原因となっているとの指摘がされている。生まれた子について，出生届の提出がされることを確保し，無戸籍者が発生することを防止する観点からは，母による出生届の提出を確保することが重要であり，そのためには，（前）夫以外の者の子を出産した女性が，自らのイニシアティブで父子関係を否定する方法を認めることが有益である。そして，戸籍がないことによる不利益を防止する観点からは，子の出生直後，少なくとも子が社会生活を開始し，具体的不利益を被ることとなる時までに，嫡出推定される父子関係を否定することが重要である。これを実現するための方策として，子に否認権を認めた上で，子は自ら否認権を行使することができないため，子の母や子の未成年後見人という適切な者に子の否認権行使することを認めることや母に否認権を認めることが考えられる。

　また，否認権者が夫に限られていることに対しては，推定される父と生物学上の父が一致しない場合に生じ得る問題は多様であるにもかかわらず，否認されるか否かが夫の意思のみにかかることとなり，事案に応じた適切な解決を図ることができない場合があると指摘されている。このような観点からも，子や母の否認権を認めることが必要であると考えられる。

2　本試案の概要等

(1)　本試案の概要

　　本試案の「**第4・2**」は，上記1の見直しの必要性があることを踏まえ，民法第772条により夫の子と推定される子について，子の出生後，比較的短期間に限定しつつ，否認権を行使し得る者を拡大することを提案するものである。

　　【**甲案**】は，子が法律上の父子関係の一方当事者であることから，子に否認権を認めることとして，子の母又は子の未成年後見人にその否認権を代わって行使することを認めるものである。【**乙案**】は，子に否認権を認めることを前提としつつ，子の母は，子と夫の間の法律上の父子関係について，子から独立した立場で利害関係を有すること等から，母にも固有の否認権を認めることを提案するものである。(注1)

　　なお，【**甲案**】の①，【**乙案**】(1)の①，(2)の①，「**第5**」の【**乙案**】の①では，民法第774条の規定を参考に，「民法第772条の場合において」と記載しているが，本試案では，「**第2・1**」において，民法第772条の規律についても見直すことを提案していることから，これらの提案も「**第2・1**」の見直し後の規律を前提とするものであることを想定しており，その旨を「(**注1**)」に記載することとしている。

（注1）諸外国等の否認権者に関する規律

　　ドイツでは，法律上の父，法律上の母，子及び血縁上の父と見込まれる者が否認権者とされている（ドイツ民法第1600条）。

　　フランスでは，出生証書と身分占有が一致している場合には，身分占有の継続が5年未満のときは，子，父，母及び真実の親と主張する者が父子関係を争う訴えを提起することができることとされ（フランス民法第333条第1項），身分占有が5年間継続しているときは，検察官を除き，親子関係を争うことができないとされている（同条第2項）。また，出生証書と身分占有が一致していない場合には，すべての利害関係人が訴えを提起することができることとされている（第334条）。

　　アメリカの統一親子関係法（2017年）では，子，子を出産した女性，法の規定に基づき親とされる者，子との親子関係を判決で定められるべき者，子ども支援機関等が父子関係を争う訴訟手続の申立権者とされている（統一親子関係法第602条）。

　　韓国では，夫婦の一方，つまり，夫及び妻のみが親生否認の訴えを提起することができることとされている（韓国民法第846条）。

　　台湾では，母の夫，母及び子が嫡出否認の訴えを提起することができることとされている（台湾民法第1063条第2項）。

　　オーストリアでは，法律上の父及び子が父子関係不存在の確認手続の申立権を有することとされている（オーストリア民法第151条第2項）。

(2)　両案の相違点

　　【**甲案**】は，母に固有の否認権を認めるものではないが，子に否認権を認めた

上で，母又は未成年後見人が子に代わってその否認権を行使することができるものとしており，両案は母が否認権を行使することができる点で共通している。

　両案の差異は，母に固有の否認権を認めるだけの固有の地位ないし利益があるといえるかどうかによるものである。なお，いずれの案を採用した場合も，母（【乙案】においては，親権を行う母に限る。）は子の否認権を代わって行使することができるが（注2），【乙案】を採用した場合には，母は自らの否認権を行使することによっても推定される父子関係を否認することができるという点でも異なっている（注3）。

（注2）後記3⑶オのとおり，子の否認権を行使する母の地位を訴訟上の法定代理と考える立場からは，子が嫡出否認の訴えの当事者（原告）となり，母はその法定代理人として訴訟に関与することになる一方，母の地位を第三者の訴訟担当（職務上の当事者）と考える立場からは，母が嫡出否認の訴えの当事者（原告）となり，民事訴訟法第115条等により，その判決の効力が子に及ぶことになる。

（注3）母が，固有の否認権を行使した場合の子の関与及び判決等の効力については，後記4⑶イ及び注9を参照。

3　【甲案】未成年の子の否認権を認める案
⑴　未成年の子に否認権を認める根拠等

　ア　未成年の子に否認権を認める根拠については，子が法律上の父子関係の一方当事者であることから，民法第772条により推定される父子関係が生物学上の父子関係と一致しない場合に，推定を否認することができる地位を認めるべきであることを挙げることができる。

　イ　他方で，本部会では，否認権者を拡大した場合であっても，現行の嫡出推定制度の趣旨を可能な限り維持することについて異論はなかったが，子の身分関係を早期に安定させるという観点からは，否認権者を拡大することによって，夫のみの意思ではなく，夫以外の否認権者の意思によっても父子関係が否認され得ることになることから，子の身分関係が不安定になることは否定できない。

　　しかし，嫡出推定規定は，夫と生まれた子との間に生物学上の父子関係が存在する蓋然性があることと，事後的に否認されない限り，生まれた子について夫婦による養育が相当であることを基礎として，法律上の父子関係を推定するものであるが，推定される父子関係と生物学上の父子関係が一致せず，しかも，母と夫との婚姻関係が破綻しているなどの理由で母と夫による養育が期待できない場合には，推定される父子関係を維持することが相当でない事態が生じ得る。また，母が，子の出生後に子の生物学上の父と再婚するなどして，生まれた子の養育のための環境を整えており，前夫が嫡出否認の手続をしない場合であっても，推定される父子関係を否定することが相当であるという事態も生じ得る。

　　無戸籍者問題は，このように嫡出推定規定により推定される父子関係と生物

43

学上の父子関係が一致しない場合に，母がこれを是正する手段を有しないことが一因となって生じる問題である。母が，子の生物学上の父と再婚するなどして，生まれた子のために整えた養育環境が，推定される父子関係と一致しない場合に，母がこれを是正する手段を有しないこともその一因となっていると考えられる。

　このような場合には，夫以外の者（具体的には子）に否認権を認め，法律上の父子関係を否認することを可能とする必要がある。このように考えたとしても，子の否認権の行使期間を適切に定めることによって，子の身分関係の早期安定を図り，子の利益を保護することが可能である。

　また，夫婦の家庭の平穏を維持するという観点からは，母が子のために否認権を行使することとした場合には，第三者の家庭への介入を招くことにはならず，家庭の平穏を害することにもならないとも考えられる。また，未成年後見人が子の否認権を代わって行使する場合には，第三者の家庭への介入を招くおそれはあるものの，未成年後見人が選任されるのは，母及び（前）夫が親権を有していないときなどであること（民法第８３８条第１号参照）からすると，家庭の平穏を保護する必要性が高いとはいえないとも考えられる（注４）。

　なお，未成年の子の否認権を認める場合には，それが子のために行使されるものであることを踏まえても，少なくとも子が父母の扶養を必要とする間は，夫の否認権と同様に，子の身分関係を早期に安定させることが子の利益となり，また，第三者の家庭への介入を否定し，家庭の平穏を守ることが重要であることから，否認権の行使期間の制限を設けることが必要であると考えられる（注５）。

ウ　【甲案】は母の固有の否認権を認めないこととしているが，これは，本来，母は父子関係の当事者ではなく，子の利益を離れて母自身に否認権を認めるだけの固有の利益があるとはいえないとの考えに基づくものである（これと異なる考え方があり得ることについては，【乙案】に関する後記４⑶参照）。また，子の否認権について，母が子に代わって行使することを認めた場合には，母はこれによって父子関係を否認することができ，母に固有の否認権を認める実益が乏しいと考えられる。

（注４）なお，かつては妻に自らの不貞を法廷で主張する権利を与えることは有害であるとの説明もあったところであるが，母が子の利益のために否認権を代理行使することを否定する事情とはいい難いとも考えられる。

（注５）このほか，夫の否認権の行使期間に関して学説上言及されている，期間の経過により夫が子の父子関係を黙示に承認したと考えられるという理由付けは，少なくとも子が意思能力を有しない間は，子が父子関係を承認することは考え難いものの，時間の経過によって証拠が散逸するおそれがあるという理由付けについては，なお妥当すると考えられる。

⑵　否認権行使の方法及び相手方

　ア　「②」は，未成年の子の否認権の行使の方法について，夫の否認権と同様に，人事訴訟である嫡出否認の訴え（人事訴訟法第2条第2号）によることとし，その被告適格は夫とすることを提案するものである。

　イ　否認権行使の方法について

　　否認権の行使は，法律上の父子関係の存否に関わり，子の身分関係を変動させる行為であることから，訴えの提起によってのみ行うことができ，その効果は裁判所の判決によって生じることとし，その判決の確定までは夫の子として扱い，否認の判決によって父子関係を遡及的に否定し，対世的に確定することが相当であると考えられる。

　　また，夫の否認権と同様，子は，家庭裁判所に対して，嫡出否認の調停を申し立てることができ（家事事件手続法第244条），嫡出否認の訴えを提起しようとする場合には，まず，家庭裁判所の家事調停の申立てをしなければならないものとすることを想定している（同法第257条第1項）。さらに，家事調停において，当事者間に合意が調うときは，家庭裁判所は合意に相当する審判により嫡出否認をすることができるものとすることを想定している（同法第277条以下）。

　ウ　否認権行使の相手方について

　　夫は，推定される父子関係の当事者であることから，子の否認権の有無について適切に知ることができ，また，法律上の父子関係の存否について最も強い利害関係を有することから適切な訴訟追行が期待できる。そこで，子が提起する嫡出否認の訴えの被告適格は夫とするものとしている。

　　また，嫡出否認の調停においては，夫をその相手方とするものとすることを想定している。

⑶　未成年の子の否認権の行使主体

　ア　父子関係を早期に確定するという観点からは，未成年の子の否認権の行使期間は，後記⑷のとおり，子の出生後比較的短期間（子の出生の時から【3年】【5年】）とすることが相当であると考えられるが，子の年齢が低いときは意思能力を有しないことは明らかであるから，「③」では，子の母又は子の未成年後見人が子に代わって否認権を行使することができるものとすることを提案している。

　イ　子の母による未成年の子の否認権の行使について

　　未成年の子の否認権は，上記⑴のとおり，嫡出推定規定により推定される父子関係が生物学上の父子関係と一致しない場合に，子の利益を図る観点から行使されるべきものであり，類型的に，子の利益を図る観点から適切な判断を期待することができる者に，その行使を委ねることが相当であると考えられる。

　　そして，一般的に，母は，子が夫との間に生物学上の父子関係を有するか否かについて夫よりも正確に判断することができる。また，夫と子との間に生物

　　学上の父子関係がない場合に，推定される父子関係を維持して当該夫と共に子を養育するのか，認知によって法律上の親子関係を形成するなどして，生物学上の父と共に子を養育するのか等について，母に選択の機会を与えることが，子に適切な養育環境を与えるという観点から，子の利益にとって望ましいとも考えられる（注6）。

　　　このような観点から，「③」では，母は，子に代わって否認権を行使することができるものとすることを提案している。

　ウ　子の未成年後見人による未成年の子の行使について

　　　また，母に未成年の子の否認権の行使を認めることとしても，母が死亡したときには，否認権を代わって行使する者が存在しないことになる。この場合も，父が子の親権者でなく，子に未成年後見人が選任されている場合には，未成年後見人は，民法第820条の事項について親権を行う者と同一の権利義務を有していることから（民法第857条本文），子の利益を図る観点から，適切に子の否認権を行使することが期待できる。さらに，母がいる場合であっても，親権の喪失・停止により，未成年後見人が選任されている場合には，子の利益を図るために，未成年の子の否認権の行使をすることが期待できる。

　　　そこで，「③」では，未成年後見人が選任されている場合には，未成年後見人による否認権の行使を認めることを提案している。

　エ　親権を行う母に限り子の否認権の行使を認める案について

　　　上記のように，「③」は，親権を行わない母も子の否認権を代わって行使することができるものとする趣旨で，「母」が子の否認権を行使することができることとしているが，本部会では，親権を行わない母に子の否認権の行使を認めることに対して，慎重な意見もあった。

　　　このような意見は，親権を行う母は子の利益のために子を監護教育する義務を負うことから（民法第820条），子の否認権を代理行使する主体として適切であると考えられる一方で，親権を行わない母は，子に対する監護教育義務を負っておらず，その否認権の行使についてコントロールする民法上の根拠に欠けるほか，嫡出推定が及ぶ子について，父母の離婚後，協議又は審判によって前夫が親権者とされた場合に，親権を行わない母が否認権を行使することにより，事実上，親権に関する紛争が蒸し返される可能性があり，妥当でないとの考え方に基づいている。

　　　そこで，「（注2）」では，親権を行わない母に子の否認権の行使を認めるべきか否かについては，引き続き検討する旨を付記している（注7）（注8）。

　オ　母又は未成年後見人による子の否認権の行使の性質について

　　　なお，身分行為を本人に代わって行う者の訴訟上の地位に関し，解釈論上，一般に，本人が訴訟の当事者であって，法定代理人や成年後見人等は，その法定代理人として本人を代理して訴訟を追行すると解する見解（法定代理説）と法定代理人や成年後見人等が，本人のために職務上の当事者として訴訟代位すると解する見解（訴訟担当説）がある。

　本試案の「③」においては，「子の母又は子の未成年後見人は，その子のために，嫡出否認の訴えを提起することができる」などと記載することとしており，母又は未成年後見人による子の否認権の行使について，殊更，いずれかの見解を採用することを明らかにするものではない。

（注6）　なお，母という地位に基づいて，子の否認権を代わって行使することを認めることについては，１５歳未満の養子の離縁の訴えに関して，「民法第８１１条によって養親と離縁の協議をすることができる者」が，その訴えを提起し，又はこれに対して，訴えを提起することができると規定されていること（民法第８１５条）が参考になると考えられる。

　　　すなわち，民法は，第８１１条により，養子の将来の利益について最もよく配慮する者であるという理由から，養子の現在の法定代理人ではなく，離縁後に養子の法定代理人となるべき者に離縁の代諾権を認め，民法第８１５条により，離縁の訴えを提起することができることとしている。これにより，例えば，実父母双方が離婚しないで生存している場合には，実父母が離縁によって親権を回復することになるので，訴えの時点では親権を有しないにもかかわらず，１５歳未満の子に代わって離縁の訴えを提起することができる（なお，実父母が離婚している場合には，民法第８１１条第３項・第４項に基づき，協議又は審判により，離縁後にその子の親権者となるべき者と定められた者が離縁代諾権を有する。）。

　　　母は子の父が誰であるかを夫よりも適切に判断することができる者であることからすると，また，現行法上も，単独親権者である父が死亡し，又は，嫡出否認により父でなくなった場合には，残された母は，当然には親権者とはならないものの，親権者変更（民法第８１９条第６項）により子の親権者となる可能性があると解釈されていることからすると，母については，親権を有しない場合であっても，子に代わって嫡出否認の訴えを提起することができることとするのが相当であると考えられる。

（注7）　親権を行わない母による特別代理人の選任の請求について

　　　本試案では，母又は未成年後見人が代わって子の否認権を行使することができるものとすることとされていることから提案されていないものの，本部会では，「（注2）」の検討の結果，親権を行わない母に子の否認権の行使を認めないものとした場合を前提に，親権を行わない母による特別代理人の請求を認めるものとすることについて，検討が行われた。

　　　すなわち，子に親権を行う者がいない場合には未成年後見が開始するが（民法第８３８条第１号），未成年後見人は，最後に親権を行う者が遺言で指定するか（民法第８３９条第１項），未成年被後見人又はその親族その他の利害関係人の請求によって，家庭裁判所が選任することとされており（民法第８４０条第１項），子に親権を行う者がいない場合に常に未成年後見人が選任されるとは限らない。また，母が親権を有しない場合であっても，親権を行う父が存在するときは，未成年後見は開始せず，未成年後見人が選任されることはない。

　　　これらの場合であっても，子の否認権の行使を認める必要がある場合も存在すると考

えられるところ，親権を行う者及び未成年後見人が共にいない場合には，まずは未成年後見人の選任をした上で，否認権の行使については未成年後見人の判断に委ねることが相当であると考えられる。他方で，父のみが親権を行う場合には，父による養育が行われることが子の利益にとって有益であるとも考えらえるが，親権を行わない母が存在するときは，親権者でない母に子の利益を保護する観点から否認権の行使の当否を判断することを期待でき，否認権を行使することが子の利益に資する場合もあり得るから，親権を行わない母に，家庭裁判所に対して，特別代理人の選任の申立てをすることを認めることが相当であると考えられる。

　「（**注２**）」の検討の結果，親権を行わない母に子の否認権を行使することを認めないものとした場合には，親権を行わない母による特別代理人の選任の請求を認めるものとすることについて，引き続き検討が行われる予定である。

（注８）母と共に子の親権を行う夫の地位について

　本試案では，母又は未成年後見人が代わって子の否認権を行使することができるものとすることとされていることから提案していないものの，本部会では，親権を行う母が子の否認権の行使することができるものとした場合を前提に，母と共に子の親権を行う夫の地位についても，検討が行われた。

　すなわち，一般に，共同して親権を行う者がいる場合には，共同して親権を行使しなければならないとされていることから（民法第818条第3項本文），母が親権者として子の否認権を行使する際には，同じく子の親権を行う夫と共同して親権を行使することが必要となるとも考えられる。

　しかし，夫は，法律上の父子関係の一方当事者であってその存否に直接の利害関係を有していることから，子の否認権を行使するか否かについて，自らの地位を離れて適切に判断することは困難であると考えられ，実際上も，自ら否認権を行使しない以上，母が子の否認権を行使することにも同意しないことが多くなると考えられる。現行法上も，夫が否認権を行使した場合には，子や親権を行う母の意思にかかわらず，生物学上の父子関係がないときは推定される父子関係が否認されることになるところ，否認権者を夫以外の者に拡大することによって，夫の意思にかかわらず，父子関係が否認されることになったとしても不当とはいえないと考えられる。

　そこで，「（**注２**）」の検討の結果，親権を行う母が子の否認権の行使することを認めるものとした場合には，子の親権を行う夫について特別代理人の選任を要しないものとすることについて，引き続き検討が行われる予定である。

⑷　否認権の行使期間

ア　「**④**」は，否認権の行使期間について，子の出生の時から3年間とする案と子の出生の時から5年間とする案の2案を提案するものである。

イ　否認権の行使期間の起算点について

　未成年の子の否認権の行使期間の起算点については，子の身分関係の早期安定を図り，子の利益を保護すること及び夫婦の家庭の平穏を保護するという観点から，夫の否認権の行使期間と同様に，できる限り子の出生後から客観的に

起算されることが望ましい。そして，未成年の子の否認権は，第一次的に，その子の母によって行使されることが予定されているところ，母は，子を分娩した者であって，子の出生と同時にその出生の事実を知ることになるので，子の出生の時を起算点とすることが相当である（注9）。

ウ　否認権の行使期間の長さ

　子の否認権の行使期間の長さについては，母や子の未成年後見人が子の否認権を代理行使する場合も，夫の否認権と同様に，様々な事情を考慮して否認権の行使の当否を検討することになると考えられることからすると，行使期間は，少なくとも現行の夫の否認権に関する1年という期間では不十分であると考えられる。この点，母は，多くの場合，子の生物学上の父が誰であるかを認識していることからすると，夫よりも早期に否認権を行使するか否かを判断することができるとも考えられるが，否認権の行使は単に生物学上の父子関係の有無によってのみ判断されるものではないこと，子を分娩した母は，身体的にも精神的にも不安定となることもあると考えられることなどからすると，夫の否認権の行使期間よりも短い期間とすることは相当でないと考えられる。

　他方で，推定される父子関係が否認されることによる子の人格形成への影響を考慮すると，いわゆる物心が付く年齢（3歳頃）までに父子関係が確定していることが望ましいとも考えられる。このような観点からは，子の否認権の行使期間は子の出生の時から3年間とすることが相当であると考えられる。また，一定の年齢に達した後は年齢が高くなるにつれて，推定される父子関係が否認されることによる子の人格形成への影響は大きくなると考えられ，社会的にも推定される父子関係を真実の父子関係として認識されることからすると，義務教育を受け始める年齢（6歳頃）までには父子関係が確定していることが望ましいとも考えられる。このような観点からは，行使期間を子の出生の時から5年間とすることが相当であると考えられる。

　そこで，「④」では，子の否認権の行使期間について，子の出生の時から3年間とする案と，子の出生の時から5年間とする案のいずれかによるものとしている。

（注9）未成年後見人が子の否認権を行使する場合の行使期間の起算点については，母が代わって行使する場合と同様，子の出生の時とすることが考えられる。子の出生の時に母が死亡した場合や，子の出生後，母が親権を喪失等した場合であっても直ちに行使期間の進行が停止することはないと考えられるが，終期については，子の身分関係を早期に安定させるという観点から，期間の満了とともに終了するという考え方や，期間の満了前6か月以内の間に未成年後見人がいないときは，未成年者が成年に達した時又は未成年後見人が就職した時から6か月を経過するまでの間は終了しない（民法第158条第1項参照）という考え方などがあると思われる。

⑸　その他の検討課題—否認原因

　　本試案は，嫡出否認の訴えの実体要件については，現行の規律を維持すること
とし，民法第７７２条により推定される父子関係が生物学上の父子関係と一致し
ないこととすることを前提としている。この点に関して，本部会では，現行法は，
嫡出否認の実体要件として，夫と子との間に生物学上の父子関係がないことのみ
を要件としているが，否認権が行使されることによって子の利益が害される事態
を防止する観点から，父子関係を否認することが子の利益に反しないことも要件
とする必要があるのではないかとの指摘があった（注10）。

　　これに対しては，父子関係の否認が子の利益に反するか否かは，子が生まれて
間もない時期に，限られた事情から将来の予測をも踏まえて判断しなければなら
ず，一般的な実体要件として明文化することは困難であるし，家庭裁判所が裁量
的に判断をすることも困難であるとの指摘があった。また，父子関係の否認が子
の利益に反する事案は実際上存在しないのではないかとの指摘もあった。

　　そこで，本試案では，嫡出否認の訴えの実体要件については，現行の規律を維
持することとし，生物学上の父子関係がないことのみとすることとしている。

（注10）　ドイツでは，未成年の子の法定代理人が，子の否認権を行使する場合には，その権利
　　　　行使が本人の福祉にかなう場合にのみ認められることとされており（ドイツ民法第１６
　　　　００ａ条第４項），その判断は，子の出自を知る利益，代わりに血縁上の父が法律上の父
　　　　となる見込み，否認権行使による母との関係への影響など，それが子にもたらすあらゆ
　　　　る利益と不利益を衡量して個別具体的に行われる。

　　　　　なお，我が国の民法では，「子の福祉」という用語は用いられておらず，「子の利益」
　　　　という用語が多く用いられているところ（民法第７６６条，第８１７条の７，第８２０
　　　　条，第８３４条，第８３４条の２等），現時点でこれと異なる用語を用いることが不可欠
　　　　とはいえないことから，本試案及び本補足説明では「子の利益」という用語を用いるこ
　　　　ととしている。

4　【乙案】未成年の子の否認権及び母の否認権を認める案

⑴　概要

　　【乙案】は，【甲案】と同様に未成年の子に否認権を認めることとしつつ，さ
らに，母に否認権を認めることを提案するものである。

⑵　未成年の子の否認権（【乙案】⑴）

　ア　はじめに

　　【乙案】は，【甲案】と同様に未成年の子の否認権を認めるものであり，「③」
において，子の否認権を子に代わって行使する主体を「子の親権を行う母」に
限っている点を除き，基本的に，【甲案】と同様の考え方に基づくものである（未
成年の子に否認権を認める根拠等につき上記３⑴参照，「②」の否認権行使の方
法及び相手方につき同⑵参照，「④」の否認権の行使期間につき同⑷参照，その

他の検討課題につき同(5)参照。)。

イ　親権を行う母による未成年の子の否認権の行使について

　　「③」では，子の否認権を子に代わって行使する主体を子の親権を行う母とし，親権を行わない母は，子の否認権を行使することはできないこととしている。この点についても，【甲案】の「③」と同様，親権を行わない母を含め，母は子の否認権を行使できるものとすることも考え得るところであるが，【乙案】においては，親権を行わない母は，固有の否認権を有することから，あえて子の否認権の行使を認める必要性が高いとは言えないことから，子の否認権の行使を認めることとしていない。

ウ　未成年後見人による子の否認権の行使について

　　また，「③」は，子の親権を行う母に加えて，【甲案】の「③」と同様に，未成年後見人が選任されているときは，未成年後見人は，子の否認権を行使できるものとすることを提案している。

　　親権を行う母に否認権の行使を認めることとしても，母が死亡したとき，父母が離婚して父が親権者となったとき（民法第８１９条第１項，第２項，第３項ただし書），母が親権を喪失し，又は停止されているとき（民法第８３４条，第８３４条の２），母が親権を辞したとき（民法第８３７条）など，親権を行う母がいないときは，子の否認権を代わって行使する者が存在しないことになる。このようなときであっても，父も親権者ではなく，子に未成年後見人が選任されている場合には，未成年後見人は，民法第８２０条の事項について親権を行う者と同一の権利義務を有していることからすると（民法第８５７条），子の利益を図る観点から，適切に否認権を行使することを期待できることから，未成年後見人による行使を認めるものとすることを提案している。

エ　未成年の子の否認権の要否について

　　本部会では，未成年の子の否認権を認めるものとすることについておおむね意見が一致していたことから，【甲案】及び【乙案】ともに，未成年の子の否認権を認めるものとすることを提案している。他方で，本部会では，母に固有の否認権を認める場合には，未成年の子の否認権を認める実益は乏しく，法律関係を簡明にする観点から，未成年の子の否認権を認めないことも考えられるのではないかとの指摘もあった（この場合も，母がいないときに未成年の子の否認権を認めることの要否については，引き続き検討する必要があると考えられる。）。

　　そこで，「(注３)」では，この指摘のような考え方を否定するものではないことを明らかにする趣旨で，母に否認権を認めることとした場合に未成年の子の否認権を認めるか否かについては，引き続き検討する旨を付記している。

(3)　母の否認権（【乙案】(2)）

ア　母に否認権を認める根拠

　　母に否認権を認める根拠については，母が法律上の父子関係の当事者でない

ことから，父子関係を否認する権限を認めるに足りる地位ないし固有の利益が必要であると考えられる。

　【乙案】が母にこのような地位ないし固有の利益を認める根拠に関しては，次のとおり，２通りの考え方がある。

　第一に，一般的に，母は，子が夫との間に生物学上の父子関係を有するか否かについて夫よりも正確に判断することができ，また，母に共に子を養育する主体として望ましいと考える者を選択する機会を与えることが子の利益につながることから，母が子の利益を適切に代弁することができる立場にあることを根拠に，母固有の否認権を認めることが考えられる。

　第二に，母は父子関係の当事者ではないものの，母は子の親として子を養育する立場にあり，子の父が誰であるかについて固有の利益を有するから，母に否認権を認めるべきであるとの意見も示された。

イ　母の否認権の行使方法及び相手方

（ア）　「②」は，母の否認権の行使方法について，夫や未成年の子の否認権と同様に，人事訴訟である嫡出否認訴訟によって行うものとするとともに，その行使の相手方について，夫とすることを提案するものである。

（イ）　夫や子の否認権と同様，人事訴訟の提起に当たっては，家庭裁判所における家事調停を申し立てることが必要であり，家事調停において，当事者間に合意が調うときは，家庭裁判所は合意に相当する審判により嫡出否認をすることができるものとすることを想定している。

（ウ）　否認判決によって直接影響を受けるのは，民法第７７２条によって推定される法律上の父子関係の当事者である夫及び子であることからすると，人事訴訟法の原則に照らせば，夫及び子を共に被告とすることが相当であるとも考えられる（人事訴訟法第１２条第２項参照）。

　　しかし，母は，実質的に子の利益を代弁する目的で自らの否認権を行使する場合が多いとも考えられることからすると，夫のみを被告とすれば足りると考えられる。また，子と母の利害が対立する場合には，夫が子の利益を代弁する者として最もふさわしいとも考えられ，この観点からも，母の否認権の行使は夫のみを相手方とすれば足りると考えられる。現行法上も，民法第７７５条により，夫が否認権を行使する場合には，親権を行う母を被告ないし相手方とすることで，子を被告ないし相手方とすることなく，嫡出否認の訴えを提起し又は調停を申し立てることが認められている。また，父を定めることを目的とする訴えについては，人事訴訟法第４３条第２項第１号が，母は，夫及び前夫を被告として提起すべきとしており，子を被告とすることを必要としていないことも参考となる。

　　そこで，人事訴訟法第１２条第２項の例外として，母の否認権行使の相手方は夫のみとすることを提案している（注９）。

ウ　母の否認権の行使期間

（ア）　「②」の「③」は，母の否認権の行使期間について，子と同様，子の出

生の時から３年間とする案と子の出生の時から５年間とする案の２案を提案するものである。

(イ)　否認権の行使期間の起算点

母の否認権の行使期間の起算点については，子の身分関係の早期安定を図り，子の利益を保護すること及び夫婦の家庭の平穏を保護するという観点から，夫及び子と同様に，できる限り子の出生後から客観的に起算されることが望ましい。そして，母は，子を分娩した者であって，子の出生と同時に子の出生を知ることになるので，子の出生の時を起算点とすることが相当である。

(ウ)　否認権の行使期間の長さ

母の否認権の行使期間の長さについては，夫の否認権と同様に，様々な事情を考慮して否認権の行使の当否を検討することになると考えられることからすると，行使期間は，少なくとも現行の夫の否認権に関する１年という期間は不十分であると考えられる。

これに対して，本部会では，子の出生時点で子の父が定まっていることが望ましく，母は，夫よりも早く子が夫の生物学上の子でない可能性を認識し得るのであるから，規範的には，より早期に否認権を行使すべきであるとの指摘もあった。しかし，否認権の行使は単に生物学上の父子関係の有無によってのみ判断されるものではないこと，子を分娩した母は，身体的にも精神的にも不安定となることもあると考えられることなどからすると，夫よりも短い期間とすることは相当でないと考えられる。

また，推定される父子関係が否認されることによる子の人格形成への影響を考慮すると，いわゆる物心が付く年齢（３歳頃）までに父子関係が確定していることが望ましいとも考えられる。このような観点からは，子の否認権の行使期間は子の出生の時から３年間とすることが相当であるとも考えられる。また，一定の年齢に達した後は年齢が高くなるにつれて，推定される父子関係が否認されることによる子の人格形成への影響は大きくなると考えられ，社会的にも推定される父子関係を真実の父子関係として認識されることからすると，義務教育を受け始める年齢（６歳頃）までには父子関係が確定していることが望ましいとも考えられる。このような観点からは，行使期間を子の出生の時から５年間とすることが相当であると考えられる。

そこで，「③」では，母の否認権の行使期間について，子の出生の時から３年間とする案と，子の出生の時から５年間とする案の２案のいずれかによるものとしている（注１０）（注１１）。

(注９)　この場合にも，嫡出否認の合意に相当する審判及び嫡出否認の訴えに対する本案判決の効力は，原則として，子を含めた第三者に及ぶと考えられる（対世的効力。嫡出否認訴訟につき，人事訴訟法第２４条第１項，嫡出否認の合意に相

当する審判につき，家事事件手続法第２８１条）。

　(注10)　このほか，母の否認権に関する検討課題として，子の否認権と同様，否認
　　　　権の行使により子の利益が害されることを防止する観点から，嫡出否認の実体
　　　　要件に関し，生物学上の父子関係がない場合であっても，推定される父子関係
　　　　を否認することが子の利益に反するときは否認することができないといった要
　　　　件を課すことの要否が問題になり得るが，子の否認権に関する議論と同様に（上
　　　　記３(5)），実体要件として明文化することの困難さや，家庭裁判所の判断の困難
　　　　さなどの問題があるものと考えられる。

　(注11)　検察官，児童相談所長等に嫡出否認の訴えの提訴権を認める案について
　　　　　本部会では，検察官や児童相談所長等に否認権を認める案についても議論が
　　　　された。
　　　　　この点に関し，本部会では，父子関係の有無は公益に関わることから，夫と
　　　　子との間の生物学上の父子関係がないにも関わらず，父母による適切な否認権
　　　　の行使が期待できず，未成年後見人も選任されていない場合には，親権の喪失，
　　　　停止の審判の申立ての制度（民法第８３４条，第８３４条の２，児童福祉法第
　　　　３３条の７）を参考に，検察官や児童相談所長等が，公益の観点から，嫡出否
　　　　認の訴えの提起すべき場合があるとの指摘があった。
　　　　　このような指摘に対しては，親権の喪失，停止の審判については，親権者に
　　　　よる児童虐待等を契機に親権喪失事由や停止事由の存在を認知した検察官や
　　　　児童相談所長等が，公益上の必要性を考慮して，その申立てをすることが期待
　　　　できる一方で，法律上の父と子との間に生物学上の父子関係が存在しないこと
　　　　は，父母の夫婦関係に関わる問題であって，検察官や児童相談所長等が容易に
　　　　知り得るものではなく，また，このような訴えの提起を許すと家庭の平穏を害
　　　　するおそれが高いとの指摘があった。また，公益の観点から法律上の父子関係
　　　　を否認すべき事案としては，法律上の父が子を虐待，遺棄等しているにもかか
　　　　わらず，母が適切に否認権を行使しない事案等が想定されるものの，そのよう
　　　　な事案では，父の親権の喪失，停止によって対応することが可能であり，父子
　　　　関係を否認するまでの必要性はないとの指摘もあった。
　　　　　そこで，本試案では，検察官や児童相談所長等に嫡出否認の訴えの提訴権を
　　　　認める案は提案していない。

３　再婚後の夫の子と推定される子についての前夫の否認権の新設

【見直しの要点】

　再婚後の夫の子と推定される子については，次のような規律の下で，前夫に否認
権を認めるものとする。

⑴　再婚後の夫の子と推定される子について，前夫は，子が再婚後の夫の嫡出であ
　ることを否認することができるものとする。

⑵　前夫による否認権行使以外の理由により，再婚後の夫の子であるという推定が

否定された場合には，前夫は，嫡出否認，親子関係不存在確認の審判又は判決が確定したことを知った時から1年を経過したときは，その否認権を行使することができないものとする。

【説明】

1　はじめに

　「第2・2」の規律により，離婚等の日から300日以内に生まれた子であって，母が前夫以外の男性と再婚した後に生まれたものは，再婚後の夫の子と推定されることになるが，「第4・3」は，再婚後の夫の子であるという推定に対する前夫の否認権について（第4・3(1)），また，再婚後の夫の子であるという推定が否認され，前夫の子と推定されることとなった場合の前夫の否認権の行使期間の特則（第4・3(2)）について，提案するものである。

2　再婚後の夫の子であるという推定に関する否認権（第4・3(1)）

(1)　規律の必要性

　本試案では，「第2・2」のとおり，現行の嫡出推定規定を見直し，嫡出推定の例外規定を設けることを提案している。具体的には，離婚等の日から300日以内に生まれた子であって，母が前夫以外の男性と再婚した後に生まれたものは，再婚後の夫の子と推定するとの規律を提案している。

　このような規律を設けた場合には，真実は前夫が子の生物学上の父であるときに，前夫が子の法律上の父となることを可能とするために，前夫に再婚後の夫の子であるという推定を否認することを認める必要があると考えられる。

　なお，前夫に再婚後の夫の子であるという推定を否認することを認める方策としては，子の生物学上の父であることを理由として否認権を認めることも考えられるところであるが，本試案では，このような方策は採用していない（注1）。このように前夫に限り否認権を認めるのは，前夫は，子との関係において，母が再婚するまでは前婚の嫡出推定が及んでおり，再婚がなければ前夫が子の父となっていたことから，一般の生物学上の父とは法的に立場が異なると考えられるためである（注2）。

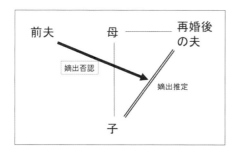

（注1）生物学上の父に否認権を認める案について

　　本部会では，生物学上の父に否認権を認める案についても議論がされた。

　　この点に関し，本部会では，生物学上の父は，子に他の男性の嫡出推定が及んでいる場合には，嫡出否認がされなければ子を認知することができず，法律上の父となることができないため，否認権を認める必要性があるとの指摘や，母が精神的に不安定であるとか，行方不明であるといった事情により，母による否認権の行使が期待できない場合等に，生物学上の父が否認権を行使する必要があるとの指摘があった。

　　このような指摘に対して，本部会では，生物学上の父が否認権を行使しなければ法律上の父となることができない事案としては，夫や子の母が否認権を行使する意思がない事案が多いと考えられるところ，このような事案にまで生物学上の父による否認権の行使を認めると，夫婦の家庭の平穏を害し，子の利益に反するおそれが大きいとの意見が強かった。また，嫡出否認の訴えの原告が子の生物学上の父であることは当該訴訟の本案において判断されるべき事項であって提訴権者を限定する意味を持たないため，濫用的に訴えが提起されるおそれがあるとの指摘や，生物学上の父子関係の有無はＤＮＡ型鑑定等をしなければ判明せず，訴え提起の段階では必ずしも明確にならない点で，子に応訴等の負担が生じることにもなるとの指摘があった。

　　そこで，本試案では，一般的に生物学上の父と主張する者の否認権を認める案は提案していない。

（注2）制度の位置付けについて

　　本部会では，再婚後の夫の子と推定される子についての前夫の否認権は，推定される父子関係の当事者でない前夫が行使するものである以上，他の嫡出否認の訴えとは性質が異なることから，制度上別類型とすることが必要であるとの指摘があった。

　　しかし，前夫の否認権も，嫡出推定規定による法律上の父子関係の推定を生物学上の父子関係がないことを理由に否定するという点で，他の嫡出否認制度と異なるものではないということもできる。また，諸外国等の法制度においても，例えば，フランスでは，母が婚姻中に懐胎又は出産した子の父性推定の否定について，出生証書と一致した身分占有が5年未満である場合には，真実の親と主張する者が，父（母の夫）と同様に，父子関係を争う訴えを提起することができるとしているほか（フランス民法第333条第1項），ドイツでは，婚姻による父性推定について，懐胎期間中の母との性交渉につき宣誓することが必要であるとしているものの，父と同様に，血縁上の父と見込まれる者も父性推定を否定することができることとしており（ドイツ民法第1600条第1項第2号），同条の見出しは，「否認権者（Anfechtungsberechtigte）」とされているなど，推定される父子関係の当事者でないことのみを理由にその制度や名称を異ならせていない国等も存在する。

　　そこで，本試案では，この問題について，前夫の否認権に関する規律の見直しの内容等を踏まえ，その制度の位置付けや名称について引き続き検討することとしている。

⑵　否認権行使の相手方

　　「②」は，前夫の否認権行使の相手方について，再婚後の夫及び子又は親権を行う母とすることを提案するものである。

　　前夫の否認権の行使は，嫡出推定の例外規定により推定される父子関係を否定するものであることから，その相手方は，争われる身分関係の当事者である再婚の夫及び子とすることとし（人事訴訟法第12条第2項参照），現行の民法第775条が子については親権を行う母を相手方とすることも許容していることも踏まえ，再婚後の夫及び子又は親権を行う母を相手方とすることとしている。

　　なお，現行法の下でも，母が再婚禁止期間の定めに違反して再婚した場合等に前婚と再婚の嫡出推定が重複することがあり，嫡出推定の重複を解消し，子の父を定めるために父を定めることを目的とする訴え（民法第773条）が認められている。前夫の否認権についても，父を定めることを目的とする訴えと同様に，再婚後の夫のみを相手方とすることも考えられるが，現行法上，父を定めることを目的とする訴えは，前婚の嫡出推定と再婚の嫡出推定は互いに一方が他方に優先するという関係になく，子は父を定めることを目的とする訴えに対する判決がされるまで父未定の子とされている子を対象とするものであることから，再婚後の夫の子と推定されることが定まっている嫡出推定の例外規定の場合とは異なるとも考えられる。

⑶　否認権の行使期間

ア　「③」では，前夫の否認権の行使期間について，基本的には，再婚の夫の否認権と同様の行使期間を設けることが相当であると考えられることから，前夫の否認権の行使期間について，起算点は，前夫が子の出生を知った時とした上で，その期間の長さについては，前夫が子の出生を知った時から3年間とする案と5年間とする案を提案している。

イ　なお，子の身分関係の早期安定を図る観点からは，前夫の否認権の行使期間を子の出生の時から起算することも考えられるが，一般的な夫の否認権の行使期間の起算点を夫が子の出生を知った時とすることとしていることに照らすと，前夫はより子の出生の事実を知り難い立場にいることから相当でないとも考えられることから，本試案では提案していない（注3）。

（注3）前夫に子の出生の事実を知る機会を与え，身分関係の早期安定を図る方策について
　　　このほか，本部会では，子の出生の事実を何らかの手段で前夫に知らせることによって，子の身分関係の早期安定を図るために，子の出生届が提出された場合に，前夫に対して，子の出生を通知するものとする方策についても検討がされた。この方策は，前夫は，婚姻中と異なり，離婚後の前妻が子を懐胎し，出産したことについて容易に知り得ないことがあり，前夫の否認権の行使期間について，前夫が子の出生の事実を知った時から起算することとした場合には，前夫が長期間子の出生の事実を知らないことにより，子の身分関係が長期間にわたって不安定になる可能性があることに配慮するものである。
　　　しかし，市区町村の通知は，前夫の戸籍の附票に記載された住所等に宛てて行われることが考えられるところ，前夫が当該住所に居住していない場合等には，通知を行っ

たところで，前夫が確実にこの事実を知ることができるわけではないこと，また，現行制度上，一般的に，子の出生届が提出された場合に夫に通知することとされていないこととの整合性も問題になると考えられる。また，前夫がその事実を認識していない場合には，母が婚姻中の家庭内暴力の被害を受けていたとき等に，その旨の通知を希望しないことも多いとも考えられる。

　　そこで，本試案では，そのような案については提案していない。

⑷　否認権行使の要件

　ア　両案の概要

　　「④」は，前夫の否認権行使の要件について提案するものである。前夫は，推定される父子関係の当事者ではないことから，再婚後の夫と子との間に生物学上の父子関係がないからといって，当然に否認権の行使を認めると，再婚後の夫と子との間の父子関係を一方的に否定し，子の利益に反する事態が生じ得る。

　　そこで，本試案では，前夫が否認権行使をするための要件として，再婚後の夫と子との間に生物学上の父子関係がないことに加え，一定の要件を課すこととし，具体的な要件について，【甲案】及び【乙案】の２案を提案している。

　イ　【甲案】について

　　(ｱ)　【甲案】は，前夫が，子が再婚後の夫の子であるという推定を否認する場合には，訴訟要件（原告適格）として，前夫と子との間に生物学上の父子関係を必要とすることを提案するものである。

　　　　【甲案】を支持する理由としては，前夫と子との間に生物学上の父子関係があることによって，前夫による適切な養育を期待することができ，子の利益に資することから，再婚後の夫と子との間の父子関係を否認することについて正当な利益があるといえるためには，前夫と子との間に生物学上の父子関係があることが必要であると考えられることが挙げられる。また，前夫と子との間に生物学上の父子関係がない場合には，母と再婚後の夫の家庭によって養育されることが子の利益に資すると考えられることからも，再婚後の夫と子との間の父子関係の否認を認めるべきではないと考えられる。さらに，訴訟要件とすることによって，前夫と子との生物学上の父子関係がないことが明らかとなった場合には，本案要件である再婚後の夫と子との生物学上の父子関係の有無を明らかにすることなく，訴えを却下することができるため，再婚後の夫と母との家庭の平穏を害する事態が生じるのを回避することができる。

　　(ｲ)　本部会では，【甲案】に対して，①訴訟要件として前夫と子との間に生物学上の父子関係があることを必要することは，子の生物学上の父であることを根拠に前夫に否認権を認めることと等しく，一般的に，生物学上の父に否認権を認めないものとしていることと整合しないとの指摘がされた。また，②前夫と子との間に生物学上の父子関係がある場合であっても，再

婚後の夫であるという推定を否認することが相当でないこともあるのではないかとの指摘があった。

　　　これに対して，【甲案】は，まず，前夫は，再婚後の夫の子であるという推定が否認された場合に子の父と推定されることになる立場にあることから前夫に否認権を認めるものであって，単に生物学上の父であることをもってこれを認めるものではないから，①の指摘は当たらないとも考えられる。また，②の指摘に対しては，【甲案】は，基本的に，子との間の生物学上の父子関係の有無によってその行使の可否を判断するものであるが，前夫が，自ら養育する意思や能力がないにもかかわらず，再婚後の夫の子であるという推定を否認することで再婚家庭による養育を困難にするという嫌がらせの目的で否認権を行使した事案などには，前夫の否認権の行使が権利の濫用として許されないとすることも考えられるから，②の指摘は当たらないとも考えられる。

ウ　【乙案】について

(ｱ)　【乙案】は，前夫が，子が再婚後の夫の子であるという推定を否認する場合には，実体要件として，父子関係を否認することが子の利益に反しないことを必要とすることを提案するものである。

　　　【乙案】は，【甲案】と同様に，前夫と子との間に生物学上の父子関係がない場合には，基本的に，子の地位の安定を図る観点から，前夫に嫡出否認を認めるべきではないとの考えに基づくものであるが，【甲案】の問題点を踏まえ，前夫と子との間の生物学上の父子関係の有無は，子の利益に反するか否かの要件の中で考慮することとしている。

(ｲ)　本部会では，【乙案】に対して，父子関係を否認することが子の利益に反しないという要件は一義的に明らかではなく，家庭裁判所が裁量的に判断することが困難ではないかとの指摘があった。

　　　これに対して，【乙案】では，前夫の否認権の行使により，子が再婚後の夫の子であるという推定を否認することが子の利益に反することが明らかといえるか否かは，単に，前夫又は再婚後の夫のいずれによって養育されることが子にとって望ましいかを比較して判断すべきものではなく，再婚後の夫と子との間に生物学上の父子関係がないことを前提に，前夫と子との間の生物学上の父子関係の有無や再婚後の夫と母の家庭による養育が期待できるか否か等の事情を踏まえて判断することになることからすると，家庭裁判所の判断が困難とはいえないとも考えられる。

　　すなわち，子との間に生物学上の父子関係がある者が父となることは，一般的に，前夫による適切な養育を期待することができ，子の利益に資すると考えられることからすると，前夫と子との間に生物学上の父子関係があることは，基本的に，再婚後の夫の子であるという推定を否認する根拠になり得ると考えられる。他方で，子の利益は個別具体的に判断されるべきものであることからすると，前夫による子の養育の現実的可能性や再婚後の夫と母の

家庭による養育が期待できるか否かを考慮して，前夫と子との生物学上の父子関係がある場合であっても，再婚後の夫の子であるという推定を否認することが子の利益に反することが明らかといえる場合もあると考えられ，典型的には，嫌がらせ目的による場合などが考えられる。

　問題となる局面としては，前夫及び再婚後の夫のいずれとも子との間の生物学上の父子関係がないケースがあるが，これについては，再婚後の夫と母の養育によって子が安定的な生活を送っているなど，再婚後の夫と子との間の父子関係を維持することが長期的にみても子の利益に合致するときは，父子関係を否認することが子の利益に反することが明らかであり，再婚後の夫の子であるという推定を否認することは相当でないとしてよいものと考えられる。このような事情がない場合については，前夫に生物学上の父子関係がない以上，再婚後の夫の子であるという推定を否認することを認めるべきでないという考え方と，生物学上の父子関係以外の事情を考慮して否認を認めるべきケースもあるという考え方といずれも成り立ち得るものと考えられる。

⑸　否認権行使の効果

ア　「⑤」は，前夫が否認権を行使したことによって，子が再婚後の夫の子であるという推定が否認されたときは，前夫は，自らの子であるとの推定を否認することができないものとすることを提案するものである。

イ　すなわち，「第2・2」では，「再婚後の夫の子であるという推定が否認された場合には，その効果として，否認権の行使により再婚後の夫と子との父子関係は出生の時に遡って消滅するとともに，子は出生の時から前夫の子であったものと推定する」としているところ，「（注2）」に記載のとおり，この規律は，前夫が否認権を行使した場合にも適用されることを前提としている。

　そして，再婚後の夫や未成年の子など，前夫以外の者が否認権を行使したことによって，子が再婚後の夫の子であるという推定が否認された場合には，「（注3）」に記載のとおり，前夫は，子との間に生物学上の父子関係がないことを理由に，自らの子であるという推定を否認することができる。これに対して，前夫が否認権を行使したことによって再婚後の夫の子であるという推定が否認された場合にも，前夫が自らの子であるという推定を否認することができるものとすると，前夫が自ら父となる意思がないにもかかわらず，再婚の夫と子との間の父子関係を否定するためだけに否認権を行使する事態が生じ得る。

　「⑤」は，これを防止する観点から，「（注3）」の取扱いの例外として，前夫は自らの子であるとの推定を否認することができないものとすることを提案するものである。

ウ　なお，「④」の規律があることからすると，前夫は，子との間に生物学上の父子関係があるか，否認権の行使が子の利益に反しない場合でなければ，再婚後の夫の子であるという推定を否認することができないため，上記のような事態

は一定程度防止することができるとも考えられる。

　　しかし，前夫の濫用的な否認により子から法律上の父が失われることによる子の不利益は大きく，可及的に子の地位の安定を確保する必要性が高い。そして，子が再婚後の夫の子であるという推定に対する否認権と前夫の子であるという推定に対する否認権とは，別の権利であって，それぞれの否認訴訟は訴訟物を異にし，前訴の否認判決の既判力が後訴に及ばないと考えられるため，前夫が，子が再婚後の夫の子であるという推定を否認した上で，自らの子であるという推定を否認する事態が生じる可能性は否定できない（「④」の【乙案】によれば，前夫の否認権の行使について，必ずしも前夫と子との間に生物学上の父子関係があることを必須の要件としていないことから，実体法上も，前夫が自らの子であるという推定を否認することができる場合が生じ得る。）。そこで，「⑤」の規律を設けることを提案している。

３　再婚後の夫の子であるという推定が否定された場合における前夫の子であるという推定に関する否認権（第４・３(2)）

⑴　規律の必要性

　　上記２⑴にも記載したとおり，本試案では，離婚等の日から３００日以内に生まれた子であって，母が前夫以外の男性と再婚した後に生まれたものは，再婚後の夫の子と推定するものとするとの提案がされている（第２・１）。そして，子が再婚後の夫の子であるという推定が否認された場合については，再婚後の夫と子との間の父子関係は子の出生の時に遡って消滅し，子は出生の時から前夫の子と推定するとの規律を設けることが提案されている（第２・２）。そして，子が前夫の子であるという推定については，前夫は，「第４・１」の規律に基づき，生物学上の父子関係がないことを理由として否認権を行使することができる（ただし，「第４・３⑴」の「⑤」によりその行使が制限される場合は除く。）。

　　もっとも，嫡出否認の審判又は判決が確定するためには一定の時間を要することから，前夫の否認権の行使の機会を確保するとともに，早期に父子関係を確定させるため，否認権の行使期間の起算点について，「第４・１」の規律の特則を定める必要がある。

　　なお，子が再婚後の夫の子であるという推定は，嫡出否認による場合のみならず，親子関係不存在確認の審判及び判決によっても否定され得ることから，これらの場合についても，前夫の否認権の行使期間の特則を設けることが必要であると考えられる。

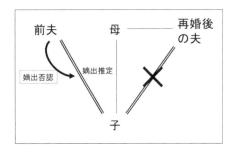

(2) 否認権の行使期間の特則

　本試案の「第4・3(2)」は，前夫による否認権の行使以外の理由により，再婚後の夫と子との間の父子関係を否定する嫡出否認，親子関係不存在確認の審判又は判決が確定した場合に，前夫は，当該審判又は判決が確定したことを知った時から1年を経過したときは，その否認権を行使することができないものとすることを提案している。また，再婚後の夫の子であるという推定が否定されるときには，子が出生した時から，既に相当程度期間が経過していることが多いと考えられるため，早期に親子関係を確定させるという観点から，その行使期間の長さは1年間とすることが相当であると考えられる。

(3) 前夫に対する通知

　本部会では，前夫以外の者が行った嫡出否認や親子関係不存在の手続において，子が再婚後の夫の子であるという推定が否定された場合には，子は前夫の子と推定されることになるが，当該手続によって，突如父となることとなる前夫に対して，何らかの通知が必要ではないかとの指摘があった（注4）。

　すなわち，子が再婚後の夫の子であるという推定が否定された場合には，前夫は子の父と推定され，相続等の実体法上の効果が生じることから，その事実を知らせる必要性が高い。また，前夫がその事実を知らないと，その否認権の行使期間も進行しないので，父子関係がいつまでも確定しないおそれがある。そこで，前夫による否認権の行使以外の理由により，再婚後の夫と子との間の父子関係を否定する嫡出否認，親子関係不存在確認の審判又は判決が確定したときに，前夫がその事実を知る機会を保障するため，当該審判又は判決をした裁判所が，当該審判及び判決の内容を通知する制度を設けることの要否について，引き続き検討することとしている。他方で，婚姻中等に前夫による家庭内暴力があった等の事情により，母等が前夫に子の出生の事実を通知することを希望しない場合には，通知によって母等に危害が加えられるおそれがあること，また，通知先である前夫の住所，連絡先が裁判記録上明らかでない場合が考えられることから，例外的に通知を要しない場合を認めることの当否や裁判所が通知すべき事項についても，引き続き検討する必要がある。

　そこで，本試案では，その旨を「（注4）」に付記している（注5）。

（注4）　なお，前夫が，子が再婚後の夫の子であるという推定に対する嫡出否認訴訟に関与する手段としては，再婚後の夫と子等との間の嫡出否認訴訟について共同訴訟的補助参加等をすることや，また，再婚後の夫と子等の間の嫡出否認調停についても，利害関係参加をすることが考えられる。

　　　さらに，本部会では，前夫以外の者が否認権を行使した場合に，前夫が当該否認権の行使について知る機会を保障するため，会社訴訟における義務的な訴訟告知（会社法第849条第4項参照）や，人事訴訟における利害関係人に対する訴訟係属の通知（人事訴訟法第28条）などを参考に，新たな制度を設ける可能性についても指摘されたが，家事調停には，当事者以外の第三者に調停手続の係属を通知する制度はなく，そのような制度を設けることの当否については，引き続き検討することとされた。

（注5）　なお，子が再婚後の夫の子であるという推定が裁判上否定された場合には，訴えを提起した者の申請により戸籍が訂正される（戸籍法第116条第1項）。この場合の戸籍の記載としては，現行の戸籍法の規律を前提とすると，以下のとおりとなると考えられる。

　　　すなわち，前提として，再婚後の夫の子と推定される子の出生の届出がされた場合には，子は再婚後の父母の氏を称し，再婚後の父母の戸籍に記載され（戸籍法第18条第1項），子の父欄には再婚後の夫の氏名が記載されることになる。そして，子が再婚後の夫の子であるという推定が嫡出否認の判決又は審判により否認された場合には，①再婚後の父母の戸籍に関し，子の父欄を前夫，父母との続柄欄を前夫と母との続柄に訂正した上で，再婚後の父母の戸籍から除籍し，②子は，前夫と母が婚姻していた際の戸籍に入籍することとすることが考えられる。

　　　このような戸籍記載の取扱いからすると，前夫と母が婚姻時に前夫の氏を選択していた場合には，子は前夫の戸籍に入籍することが多く，前夫はその戸籍を見れば子の入籍を知ることができる一方で，前夫と母が婚姻時に母の氏を選択していた場合等には，子は直ちには，前夫の現在戸籍に入籍することにならないので，前夫がその戸籍を見ても，子が再婚後の夫の子であるという推定を否定する裁判が確定したことを知ることはできない。

　　　いずれにせよ，前夫が頻繁に自らの戸籍を確認することが多いとも言えないことからすると，「（注4）」記載のような通知の制度を設ける必要性があると考えられる。

第5　成年等に達した子の否認権の新設

【見直しの要点】

　成年等に達した子の否認権について，新たにこれを新設する案と現行法のとおり成年等に達した子の否認権を認めない案を引き続き検討する。

【説明】

1　検討の必要性等

(1)　検討の必要性

　本部会では，否認権者を拡大し，未成年の子に否認権を認めることを検討しているが，子が父子関係の当事者であることを理由に否認権を認めるものとする場合には，子が成年等に達した後，自ら法律上の父子関係の存否について判断した上で否認権を行使することを認める必要があるとの意見が複数出された。また，諸外国等の立法例において，子が成年等に達した後に否認権を行使することを認める例があることをも参考にすべきであるとの指摘もあった（なお，子が自ら否認権行使の当否を判断する能力を有すると考えられる年齢として，成年を基準とするほかにも様々な年齢を基準とすることが考えられるが，本補足説明では，成年その他一般に子が自ら否認権行使の当否を判断する能力を有すると期待される年齢を指すものを指す趣旨で「成年等」との語を用いている。）（注）。

　そこで，本試案の「**第5**」では，成年等に達した子の否認権を新設することについて，これを設けないものとする【甲案】と，これを設けるものとする【乙案】の2案を提案している。

　（注）　なお，諸外国等の規律を見ると，ドイツ，台湾，オーストリアでは，子に否認権を認め，子が成年等に達した後，自ら否認権を行使することを認めている。

　　　　他方，アメリカの統一親子関係法（2017年）では，子に否認権を認めているが（第608条），子が2歳に達した後は，「推定される遺伝上の親ではなく，子と同居したことがなく，かつ，自己の子としてこの子を扱ったことがないこと」を裁判所が決定した場合等を除き，否認権を行使することはできないこととしている。また，フランスでは，原則として，子は成年に達してから10年間は親子関係を争うことができるとされているが（フランス民法第321条），親子関係の安定性に配慮をして例外規定も定められている。具体的には，出生証書と身分占有が一致する場合で身分占有が5年未満であるときは，子が父子関係を争う訴えを提起することができることとされているが，身分占有が終了した日から5年又は父が死亡した日から5年で時効になり（フランス民法第333条第1項），事実上，子自身が父子関係を争うことができないこととされている（なお，出生証書と身分占有が一致する場合で，身分占有が子の出生時から5年間継続しているときは，検察官を除いて，親子関係を争うことはできない。）。さらに，ドイツでは，現在，未成年の子の法定代理人が制限期間内に権利行使をしなかった場合には，子は，成年に達した時又は子が父子関係を疑わせる事実を知った時のいずれか遅い時から2年間

否認権を行使できることとされているが（ドイツ民法第１６００ｂ条第３項），連邦司法省が組織した親子関係法ワーキング・グループが平成２９年７月に公表した報告書では，「子が父子関係を否認する可能性は，現行法におけると比べてこれを制限すべきであり，父の死亡，父が子に対して著しく不当な行為をしたこと，父の同意があること，又は，父との間に社会的家族関係が確立していないことといった要件の下でのみ認めるべきである」との指摘がされている。同ワーキング・グループにおいてこのような提案がされた理由としては，子の否認権行使において自己の出自を知る権利に過度な比重が置かれた点への反省，社会的親子関係の保護とそれにかかる当事者（法律上の父等）の利益の衡量の必要性が考慮されたものであるとの指摘がある（もっとも，その後，２０１９年３月に公表された連邦法務・消費者保護省討議部分草案「実子法改正法草案」では，報告書において提案されていた子の否認権に関する改正に該当する記述はないようである。）。

⑵　子の出自を知る権利との関係

　成年等に達した子の否認権の根拠に関しては，現行法上，子が自らの生物学上の父を裁判上明らかにすることができる手続は，生物学上の父子関係の有無を実体要件とする嫡出否認の訴え（又は認知の訴え）のみであることから，子の出自を知る権利を保障するために，法律上の父子関係が生物学上の父子関係と一致しない場合に子が嫡出否認の訴えを提起し，生物学上の父子関係の存否を明らかにした上で，それと一致しない父子関係を否定することを認めるべきであるとの指摘がある。

　しかし，子が事実として生物学上の父を知る利益と法律上の父子関係を否定する利益とは完全に一致するものではなく，法律上の父子関係が否定されることにより父その他の利害関係人の利益を害することから，子の出自を知る権利を保障するために成年等に達した子の否認権を認めることについては，慎重な検討が必要である。また，このような考え方は，生物学上の父子関係を法律上の父子関係と一致させるべきであるという考え方を過度に強調するものであり，現行の嫡出推定制度が生物学上の父子関係のみによって父子関係を規律しているわけではないこととも整合しないとも考えられる。さらに，現代社会においては，ＤＮＡ型鑑定の結果が嫡出否認の成否の有力な証拠として利用されており，嫡出否認の判決そのものに出自を解明する意義が大きいとはいえないこと，現行法上，家事事件手続及び人事訴訟手続において，相手方が拒否している場合にＤＮＡ型鑑定を強制することができないことからすると，否認権を認めたとしても，子の出自を知る権利の保障にはつながらないとも考えられる。

　このように考えると，成年等に達した子の否認権を認めるとしても，その根拠として，子の出自を知る権利を保障することを主たる理由とすべきではないと考えられる。

2　【甲案】現行法のとおり，成年等に達した子の否認権を認めないものとする案

　　現行法上，成年等に達した子は嫡出否認の訴えを提起することはできないとされ
ているが，【甲案】は，現行法の規律を維持し，成年等に達した子の否認権を認めな
いものとする案である。

　　【甲案】が，【乙案】を採用しない根拠として次のようなものが挙げられる。

①　本試案の「第4・2」では，子に否認権を認めた上で，母が子に代わって子の
　否認権を行使することを認めているが，これは，母が子を出産した者であって，
　父と共同して養育をする主体として誰を父とするかについて強い利害関係を有し
　ているため，子の利益の代弁者として最も適切な者であって，母による否認権の
　行使は，子のために適切に行われることを前提としている。成年等に達した子の
　否認権が意味を持つのは，否認権者である夫や，未成年の子の否認権を行使する
　ことができる母等が誰も否認権を行使しなかった場面であると考えられるが，そ
　のような場合には，父母が子を夫の子として養育する意思を有していたと考えら
　れ，また，父母が積極的に否認権を行使しない意図を有していなかったとしても，
　そこで積み重ねられた父子関係の実態を保護する必要があると考えられる。

②　身分関係の安定の要請は，子の利益のみならず，父子関係の他方当事者である
　父にとっても重要である。子が自らの判断で否認権を行使するためには，子が成
　年等に達することが必要であるが，その時まで父として子を養育してきたという
　事実状態があるにもかかわらず，子の一方的な意思により，推定される父子関係
　を覆すことができるものとすることは，父に，扶養（民法第877条第1項）や
　相続（民法第889条第1項第1号）の機会を失わせるにとどまらない不利益を
　生じさせるおそれがあると考えられる。少なくとも十数年の実体のある法的な父
　子関係や社会的な父子関係を子の一方的意思で覆すことができるとすると，父の
　人格的利益を害することにもなるとの指摘もあった。

③　【乙案】では，一定の場合に否認権行使を制限する要件を設けることが不可欠
　であるが，適切な要件の設定ができない場合には，否認権行使の可否を判断する
　家庭裁判所において，審理，判断に困難を生ずるほか，当事者の予測可能性も害
　することになるが，事柄の性質上，いかなる場合に父子関係が否定されるかが明
　らかでない場合には，子を養育する父が被る不利益は重大なものとなるおそれが
　ある。さらに，これから子を養育しようとする父にとっても，子の養育をためら
　わせる要素となり得ることから，生物学上の父子関係がないことが判明し，又は，
　その疑いが生じることによって，家庭の平穏が害され，かえって父から十分な養
　育を受ける機会を子から失わせることともなりかねない。

3　【乙案】成年等に達した子の否認権を認めるものとする案

　(1)　根拠等

　　　【乙案】が成年等に達した子に否認権を認めるべきと考える根拠としては，「第
　4・2」では，母等が子の否認権を子に代わって行使することを前提に，未成年
　の子の否認権を認めることとしているが，母等が否認権を行使すべきであったに

もかかわらず，これがされない場合があり得ることから，子が成年等に達した後，自らの判断で否認権を行使する機会を保障する必要があることが挙げられる。また，本部会では，【乙案】を支持する根拠として，父との間に生物学上の父子関係がない場合には，子が否認権を行使することによって，これを公示することを認めることが，子の人格的な利益の観点から重要であるとの指摘もあった。

⑵　否認権の行使期間

ア　「①」は，成年等に達した子の否認権の行使期間の起算点について，子が成年（現時点では２０歳であるが，民法の一部を改正する法律（平成３０年法律５９号。令和４年４月１日施行）による改正後は１８歳である。以下，同じ。）に達した時とする案と，子が２５歳に達した時とする案を併記した上で，その長さについて，３年間とする案と５年間とする案を併せて提案することとしている。

イ　否認権の行使期間の起算点

否認権の行使は，法律上の父子関係を失わせ，父との間に扶養義務や相続等が生じなくなるという重大な結果を生ずるものであり，その行使の判断に当たっては，生物学上の父子関係の存否やその疑いの有無だけでなく，父との従前の関係，父以外の親族との関係等の様々な事情を考慮する必要がある。そのため，子がこのような判断をするために十分な能力を有する年齢に達した時に限り，否認権の行使を認めることが相当である。

具体的な年齢に関しては，身分関係を早期に確定するという観点から，行為能力を取得する年齢である成年（上記民法改正法の施行後は，婚姻をすることができる年齢でもある（改正後の民法第７３１条）。）に達した時とする案と，父子関係の消滅という重大な効果が生じる決断をするためには，身体的，精神的，社会的に相当程度成熟していることが必要であるとして，特別養子縁組において養親となることができる年齢である２５歳（民法第８１７条の４）に達した時とする案を併記している。本部会では，成年に達した時とする案に対して，その判断の重大性に照らせば，成年でも十分な判断能力を有しているとは言えないとの指摘や，養親となることができる年齢について，縁組後も実方との親子関係が残る普通養子では成年とされ（民法第７９２条。ただし，上記改正法の施行後は２０歳。），実方との親子関係が消滅する特別養子では２５歳とされていることが参考になるとの指摘もあった。

なお，起算点については，子が上記一定の年齢に達した後であって，子が否認原因を知った時とすることも議論されたが，子が否認原因を知らずにいた場合には，長期間にわたり父子関係が安定しない事態が生じ得ることになるため，上記一定の年齢に達した時を起算点とすることとされた。

ウ　否認権の行使期間の長さ

否認権の行使期間の長さについて，身分関係の安定を図るため，上記年齢に達した時から一定期間内に限り，行使することができるものとするのが相当で

あることから，夫等の否認権を参考に，上記年齢に達した時から３年間とする案及び５年間とする案の両案を併記している。

⑶　否認権行使の実体要件

　ア　「②」は，成年等に達した子の否認権の実体要件について提案するものである。

　イ　成年等に達した子の否認権は，夫の否認権と異なり，その行使の時までに，民法第７７２条によって推定される父子関係を前提に一定の事実が存在することから，それまで自らの子として養育してきた父の利益を保護する必要があると考えられる。また，父の利益の保護を考慮する際には，これから子を養育しようとする父が，子との間に生物学上の父子関係がないことを知ったときに，将来，父子関係が否定されることによる不利益をおそれて養育をためらうこととならないようにする必要がある。

　　そこで，成年等に達した子の否認権の実体要件として，生物学上の父子関係がないことに加え，一定の要件を充足することを必要としている。もっとも，父子関係の実態は様々である一方で，裁判規範として一定の明確な要件を定めることが必要であることから，具体的な要件を定立することは容易ではなく，本試案では，具体的な要件は引き続き検討することとしている。

　　その上で，本部会では，推定される父と子の間に，社会的にも父子と認められる事実関係が存在しない場合には，子自身による否認権の行使を認めたとしても，父の利益を害するおそれはなく，また，社会的にもその父子関係を否定することが許容されるのではないかとの指摘があった。そのような観点からは，父が子と同居したり，定期的に面会及びその他の交流をしたことがないこと，父が子の養育費その他子の扶養のための費用を支払っていないこと等の事情が認められる場合には，否認権の行使を認めることが相当ではないかとも考えられる。また，その判断に当たっては，夫の否認権の行使期間が，子の出生を知った時から【３年間】【５年間】とされていること等を勘案すると，この期間に行われることが期待される扶養や養育の程度を考慮することが相当であるとも考えられる。

　　そこで，「（注４）」において，そのような要件を設けることが考えられることを付記している。

　ウ　なお，本部会では，成年等に達した子の否認権の行使が認められるべき場合として，①子が，父母の離婚後に出生し，母等によって出生届が提出されなかったため，無戸籍となり，父とは没交渉であった事案，②子の出生後，父は数年間にわたって子を養育したが，母と離婚し，それ以降，成年等に達するまで，没交渉となっていた事案，③子は父と同居してきたが，父は子が自らの生物学上の子でないことを知り，長年にわたり，子を虐待し，又は邪険に扱ってきた事案などについて議論がされた。具体的な事情は様々であり，単純な類型化はできないものの，①については否認権の行使を認めるべきであるとの意見が多

く，②については，父が子を養育した期間の長さにもよるが，基本的に行使を
認めるべきであるとの意見が多かった。他方で，③については否認権の行使を
認めるべきではないとの意見が多かった。

⑷　否認判決の効力

ア　「③」は，成年等に達した子の否認権に基づき提起された嫡出否認の訴えを
認容する判決の効力は，子の出生の時に遡って効力を生ずるものとする案を提
案している。

　これは，上記⑶のとおり，成年等に達した子の否認権の行使が認められるの
は，長期間にわたり父が子と没交渉であった事案等を想定していることから，
子の出生の時に遡って父子関係が消滅することとしても，それによって不利益
を生ずるおそれは小さいと考えられたことによるものである。

イ　他方で，【乙案】を採用した場合には，子の出生後，否認判決が確定するまで
に少なくとも十数年の期間が経過していることから，それまでに生じた相続，
父による子の親権者としての行為の効力等について，第三者の利益を保護する
観点から遡及効を制限することも考えられる。

　具体的には，子の扶養に関する費用の負担については，推定される父子関係
を前提に，父とされる者が子の扶養に関する費用を負担していた場合には，嫡
出否認により遡及的に父子関係が否定されることによって，子や母がその費用
を返還しなければならず，その経済的負担が理由となって否認権の行使を躊躇
することになるのではないかが問題となる。もっとも，本部会での議論を踏ま
えると，不当利得の法理によれば，受益者が法律上の原因がないことについて
善意のときは，現に存在する利益の返還のみが必要となるところ（民法第７０
３条），子が生物学上の父子関係がないことについて善意の場合は，その限度
での返還が問題になるにとどまるとも考えられる。また，法律上の父子関係の
存否は，生物学上の父子関係の存否のみで決まるものではないことからすると，
単に生物学上の父子関係がないことを知っていたにすぎない場合には，父から
扶養を受ける法律上の原因がないことについて悪意であったとは言えないと
も考えられる。このほか，成年等の子の否認権をいかなる場合に認めるかにつ
いての検討の方向性によっては，嫡出否認が認められるのは，夫が子の扶養を
行っていないケースが多くなるとも考えられるから，扶養に関する費用の負担
の関係で，遡及効を制限するかどうかは，その必要性の程度も含め，検討する
必要があると考えられる。

　次に，嫡出否認の審判又は判決が確定するまでにされた相続の効力について
は，例えば，父が死亡し，子が相続人として遺産分割が行われたが，その後，
子が否認権を行使して父子関係が否定された場合に，当該遺産分割の効力をど
のように考えるべきかが問題となる。また，相続の開始後認知によって相続人
となった者が遺産分割を請求しようとする場合に他の共同相続人が既に遺産
分割を行っていたときは，価額の支払請求のみを認める民法第９１０条を参

考に，遺産分割は有効とした上で，他の共同相続人や新たに相続人となる者は子に対して価額の支払請求をすることができることとすべきかについても検討する必要がある。

　さらに，嫡出否認の審判又は判決が確定するまでに父が親権者としてした行為の効力については，父が単独親権を有する場合にした行為は遡って無権代理となると考えられるが，表見代理の規定により第三者の保護を図ることの可否を踏まえ，特別の規定を設けることが必要か否かを検討する必要がある。他方で，父母が共同親権を有する場合に父母の双方の名義で行った行為の効力については，遡って母が単独親権者として行為をしたと評価することができるから，無権代理の問題は生じないとも考えられる。

　そこで，これらの点については引き続き検討することとし，その旨を「（注5）」に付記している。

(5)　未成年の子の否認権等との関係

ア　本試案では，成年等に達した子の否認権は，未成年の子の否認権と同様，推定される父子関係が生物学上の父子関係と一致しない場合に，訴えにより，否認することができる権利であることを前提としている。

　そのため，母等が，未成年の子の否認権を行使し，嫡出否認の訴えを提起したが，審理の結果，訴えを棄却する判決が確定した場合には，当該判決の既判力により，成年等に達した子がこれと異なる判決を求めて嫡出否認の訴えを提起することは許されないことになる。また，夫が，子又は親権を行う母を被告として提起した嫡出否認の訴えを棄却する判決が確定した場合も同様に，当該確定判決の既判力又は対世的効力によって，成年等に達した子が嫡出否認の訴えを提起することはできないことになる。

　また，人事訴訟である嫡出否認訴訟においては，職権探知主義の下で，適切な事実認定が行われることが期待できるから，夫や母等が提起した嫡出否認訴訟において，訴えを棄却する実体判断がされた場合には，推定される父子関係が生物学上の父子関係と一致しないとはいえないことが明らかとなっているということができる。

　そこで，「（注3）」では，成年等に達した子の否認権が機能する場面を明確にする趣旨で，夫又は未成年の子の否認権の行使により提起された嫡出否認の訴えに対する棄却判決が確定し，子が当該判決に拘束される場合には，成年等に達した子の否認権の行使はできない旨を付記することとしている。

イ　また，これに関連して，本部会では，成年等に達した子の否認権を，夫の否認権や未成年の子の否認権と同様の趣旨及び目的を持つ制度と理解すべきかどうかを議論すべきであるとの指摘があった。本試案では，上記アのとおり，両者は同一のものと整理しているが，このような指摘があったことに鑑み，成年等に達した子によって法律上の父子関係を否定することができる制度と嫡出否認制度との関係については，この制度の具体的な規律，夫若しくは母等に

より提起された嫡出否認の訴えに対する確定判決又は夫若しくは母等により申し立てられた調停における確定した合意に相当する審判に子が拘束されることの当否等を踏まえ，更に検討する必要があることを「(後注)」に付記している。

第6　父子関係の当事者の一方が死亡した場合の規律の見直し

【見直しの要点】

　　否認権者が死亡した場合の規律に関し，人事訴訟法第41条の規律を見直す。具体的な見直しの方策については，以下の2案を提案している。

　　【甲案】現行の規律を基礎としつつ，否認権者の見直しに伴う見直しを行う案

　　【乙案】同条を削除する案

　　また，否認権を行使する父子関係の他方当事者が死亡した場合の規律に関し，子の否認権について，夫が死亡した場合における被告について規律を設けることを引き続き検討する。

【説明】

1　はじめに

　　本試案の「**第6**」は，嫡出否認の訴えに関し，父子関係の当事者の一方が死亡した場合の規律の見直しについて提案するものである。

　　現行の制度は，夫が死亡した場合における夫の否認権について，人事訴訟法第41条が，一定の場合に，子のために相続権を害される者その他夫の三親等内の血族（以下「夫の一定範囲の親族」という。）が嫡出否認の訴えを提起し，又は夫が提起した嫡出否認の訴えの受継を認めているが，「**第4・2**」のとおり，子にも否認権を認めることとした場合には，子が死亡した場合の子の否認権に関する規律について検討する必要がある。また，否認権行使の相手方が死亡した場合の規律（例えば，夫が死亡した場合における子の否認権行使の可否等。）についても，具体的な規律を設けることが考えられる。

　　そこで，「**第6**」は，「**1**」において否認権者である夫又は子が死亡した場合の規律について，「**2**」において否認権行使の相手方（父子関係の当事者である夫又は子に限る。）が死亡した場合の規律について，それぞれ提案している。

　　なお，本試案では，夫及び子を否認権者とすることを前提とした規律（具体的には，「**第4・2**」の**【甲案】**を採用した場合の規律）について検討を行うこととし，現在議論がされている，母に否認権を認めることとした場合の規律（**【乙案】**を採用した場合の規律）については，その検討状況を踏まえ，引き続き検討することを想定している。

2　否認権者が死亡した場合の規律（第6・1(1)）

⑴　【甲案】現行の規律を基礎としつつ，否認権者の見直しに伴う見直しを行う案

　ア　**【甲案】**の概要

　　　【甲案】は，夫が死亡した場合における夫の否認権に関する人事訴訟法第41条の規律を維持することとした上で，「**第5**」の**【乙案】**を採用し，成年等に達した子に否認権を認めることとした場合には，その見直しに伴い，子が死亡した場合における子の否認権に関する規律を定めることを提案するもの

である（他方で，「**第4・2**」による未成年の子の否認権については，このような規律は設けないこととしている。）。

イ　夫の否認権

　(ｱ)　現行法の規律

　　人事訴訟法第41条第1項は，夫が否認権の行使期間内に嫡出否認の訴えを提起することなく死亡した場合には，夫の一定範囲の親族は，夫の死亡の日から1年以内に嫡出否認の訴えを提起することができるとしている。この規律の趣旨は，夫の死亡により，本来，夫の一身専属権である否認権も消滅するが，夫の一定範囲の親族は，死亡した夫の子の有無や相続に関する重大な利害関係を有することを考慮し，原告適格を認めたものと説明されている。

　　また，同条第2項は，夫が嫡出否認の訴えを提起した後に死亡した場合には，夫の一定範囲の親族は，夫の死亡の日から6か月以内に訴訟手続を受け継ぐことができると規定し，原告である夫の死亡によって訴訟が当然に終了するのではなく，夫の一定範囲の親族に一定期間内に当該訴訟を受継することを認めている。この規定の趣旨は，人事訴訟においては，原告が死亡すると訴訟は当然に終了するのが原則とされるところ（第27条第1項），第41条第1項の規律を前提に，訴訟経済の観点や相続権を害される者等の便宜の観点から，夫の提起した否認訴訟の訴訟状態を受け継ぐことを認めたものと説明されている（注1）。

　(ｲ)　人事訴訟法第41条を維持する根拠

　　【乙案】は，後記(2)に記載のとおり，相続権等の財産上の利益を理由に父子関係の当事者以外の者に嫡出否認の訴えの提訴権等を認めることは相当でないとして，人事訴訟法第41条を削除し，夫が死亡した場合には，夫の否認権は第三者に承継されないこと等を提案するものである。

　　しかしながら，夫が死亡した場合には，夫と子との間の父子関係は消滅し，基本的に，夫による子の養育や父子の人格的な交流は期待できず，夫の相続や父子関係を媒介にした子と他の親族の間の親族関係の有無の問題が残るに過ぎないとも考えられる。そして，子のために相続権を害される者は，自らの相続権・相続分に関する利益について利害関係を有するとも考えられ，また，夫の一定範囲の親族は，相続権のみならず，父子関係の有無に関する親族のその他の利害関係を有しているとの指摘があった（注2）。

　　【甲案】は，夫の一定範囲の親族には，夫の死後，推定される父子関係についての利害関係を有することに照らせば，「**第4・2**」の否認権者の見直しをしたとしても，人事訴訟法第41条を見直すことについてはなお慎重な検討が必要であると考えるものである。そこで，【甲案】の「(1)」では，現行の人事訴訟法第41条の規律を維持することとし，夫が，子の出生前又は夫の否認権の行使期間内に死亡したときは，夫の一定範囲の親族は，嫡出否認の訴えを提起できるものとすることとした上で，夫が嫡出否認の訴えを提起した後に死亡した場合には，夫の一定範囲の親族は，夫の死亡の日から6か

月以内に訴訟手続を受け継ぐことができるものとすることを提案している。
　(ウ)　夫の一定範囲の親族が嫡出否認の訴えを提起することができる期間
　　　なお，「**第4・1**」は，夫の否認権の行使期間について，夫が子の出生を知った時から【3年間】【5年間】とすることを提案しているが，夫の否認権と異なり，夫の一定範囲の親族が嫡出否認の訴えを提起すべき期間については，現行法上，夫の死亡の日から1年以内という期間に対して特段の不都合があるとの指摘も見当たらないことから，これを見直す必要性は高くないと考えられる。
　　　そこで，「**(注1)**」において，夫の一定範囲の親族が嫡出否認の訴えを提起すべき期間については，夫の否認権の見直しの在り方に関する今後の検討状況を踏まえ，引き続き検討する旨を付記している。
　ウ　子の否認権
　(ア)　未成年の子の否認権
　　　本試案では，未成年の子の否認権については，人事訴訟法第41条に対応する規律を設けること提案していない。その理由は次のとおりである。
　　　現行法上，夫の否認権に関し，夫が嫡出否認の訴えを提起する前に子が死亡した場合について明文の規律はなく，嫡出否認の訴えの係属中に子が死亡した場合には訴訟は当然に終了するとされている。これは，子が死亡した場合には，子の死亡によって父子関係は終了し，また，夫の否認権が子の出生を知った時から1年以内に行使しなければならず，子に直系卑属がいることは稀であるため，相続や父子関係を媒介とする父との親族関係が問題となることは多くないことを考慮したものとされている。「**第4・2**」では，未成年の子の否認権の行使期間について，子の出生の時から【3年間】【5年間】とすることを提案しており，現行法と比べると否認権が行使される時点での子の年齢が高くなることが予想されるものの，なお子に直系卑属がいることは考え難く，現行法の趣旨は未成年の子にも妥当する。
　(イ)　成年等に達した子の否認権
　　　他方で，「**第5**」の【乙案】を採用し，成年等に達した子の否認権を認めることとした場合には，当該否認権が行使されるのは，子が【成年】【25歳】に達した後となるため，子に直系卑属がいることも考えられる。
　　　そして，子が死亡した場合には，子の直系卑属は子の父の存否にかかわらず，子の第一順位の相続人となるため，その相続権が害されることは想定し難い。他方で，子の父が死亡した場合に，子の直系卑属は，その相続について，子の代襲相続人となる。また，扶養義務や婚姻障害等の可能性は否定できず，民法第787条が子の直系卑属又はその法定代理人に認知請求を認めていることとの均衡を踏まえると，子が，成年等に達した子の否認権の行使期間が経過する前に当該否認権を行使することなく死亡した場合には，子の直系卑属又はその法定代理人に，嫡出否認の訴えの提起を認めることが相当であると考えられる。

　そこで，【甲案】の「(2)」では，成年等に達した子の否認権を認めることとした場合には，子が，その否認権の行使期間が経過する前に嫡出否認の訴えを提起しないで死亡したときは，子の直系卑属又はその法定代理人は，嫡出否認の訴えを提起することができるものとすることを提案している。

　また，この嫡出否認の訴えの提訴期間について，夫の否認権と同様の考慮から，子の死亡の日から１年を経過した日又は子が【成年】【２５歳】に達した日から【３年】【５年】を経過した日のいずれか遅い日までにその訴えを提起しなければならないものとすることを提案している（注３）。

　そして，以上を前提とすると，子が自ら嫡出否認の訴えを提起した後に死亡した場合は，子の直系卑属又はその法定代理人が当該訴訟を受け継ぐことができるとすることが，訴訟経済やこれらの者の便宜の観点から有益であるとも考えられる。そこで，夫の否認権の場合と同様に，子の死亡の日から６か月以内に，その直系卑属又はその法定代理人が受け継ぐことができるものとすることを提案している。

（注１）なお，嫡出否認の調停中に夫が死亡した場合には，身分関係の当事者の一方が死亡したときは合意に相当する審判をすることができないこととされているから（家事事件手続法第２７７条第１項柱書ただし書），夫の一定範囲の親族による受継は認められず，当該調停は終了する。

　　　夫の一定範囲の親族は，夫の死亡が子の出生を知った時から１年を経過した後であったときでも，夫の死亡の日から１年以内であれば嫡出否認の訴えを提起することができ，この場合には，夫がした調停の申立ての時にその訴えの提起があったものとみなされる（同法第２８３条）。

（注２）具体的には，扶養義務に関し，夫の父母や子等，子の直系血族及び兄弟姉妹は子の扶養義務を負うほか（民法第８７７条第１項），夫の兄弟姉妹やその配偶者等，子の三親等内の親族は，特別の事情がある場合には，家庭裁判所の審判により扶養義務を負う可能性がある（同条第２項）。また，近親者間の婚姻に関し，夫の父母，子，兄弟姉妹等，子の直系血族又は三親等内の傍系血族は婚姻をすることができない（民法第７３４条第１項）。さらに，氏及び戸籍に関して，嫡出である子は父母の氏を称することとなる。このほか，父母が婚姻中夫の氏を称していた場合には，子は夫の戸籍に入籍することになるが，夫の戸籍に夫の再婚後の妻や子がいる場合には，これらの者が父子関係の存否について利害関係を有するとも考えられる。

（注３）なお，成年等に達した子の否認権を認めることとした場合に，子が【成年】【２５歳】に達する前に死亡したときに，子の直系卑属が嫡出否認の訴えを提起し，または，子が提起した嫡出否認訴訟を受継することができるかについては，引き続き検討することが予定されている。

⑵　【乙案】人事訴訟法第４１条を削除する案
ア　【乙案】の概要

　　　【乙案】は，夫が子の出生前又は嫡出否認の訴えの提訴期間内に訴えを提起することなく死亡した場合に夫の一定範囲の親族に嫡出否認の訴えの提訴権を認め，夫が提起した嫡出否認訴訟の係属中に夫が死亡した場合に夫の一定範囲の親族に受継を認める人事訴訟法第４１条を削除するものとする一方で，「第５」の【乙案】を採用し，成年等に達した子の否認権を認めることとしたときは，一定の場合に，子の直系卑属に嫡出否認の訴えの提訴権等を認めることを提案するものである。

　イ　夫の否認権

　　　「第４」では，嫡出否認の否認権者について，父子関係を否定する固有の利益を有する者であるか，父子関係の存否について適切な判断をすることができるか等の観点から，子や母に否認権を認める一方で，生物学上の父やその他の第三者については，家庭の平穏や子の利益を害するおそれがあること等の理由で，否認権を認めないことが提案されている。にもかかわらず，相続権や扶養義務その他の財産的な利益に基づく第三者（人事訴訟法第４１条に規定する者）の否認権の行使を認めることは，家族の平穏を害し，特に養育を必要とする未成年の子の利益に反するおそれがあるとも考えられる。また，婚姻障害，氏，戸籍に関する利害関係も，夫以外の親族に父子関係を否定するほど強い利害関係とは言えないとも考えられる。

　　　そこで，【乙案】の「(1)」では，人事訴訟法第４１条第１項を削除し，夫が，子の出生前又は夫の否認権の行使期間内に否認権を行使することなく死亡した場合には，夫の否認権の承継を認めないことを提案している。

　　　また，同法第４１条第２項は，夫が嫡出否認の訴えを提起した後に死亡した場合に，同条第１項に基づき，夫の一定範囲の親族に当該訴訟の受継を認めるものであるが，同項を削除することとした場合には，これらの者に独自に父子関係を否定する利益はないことから，これと合わせて同条第２項を削除することが考えられる。そして，同法第２項は，原告の死亡により訴訟は当然に終了するとの原則（同法第２７条第１項）の特則とされていることから，本試案では，同法第４１条第２項を削除することによって，夫が嫡出否認の訴えを提起した後死亡した場合には，当該訴訟は当然に終了することを提案している。

　ウ　子の否認権

　（ア）　未成年の子の否認権

　　　　未成年の子の否認権について，子が死亡した場合に否認権の承継を認める実益が乏しいことは，【甲案】と同様であることから，人事訴訟法第４１条に対応する規律を設けることは提案していない。

　（イ）　成年等に達した子の否認権

　　　　成年等に達した子の否認権について，上記イの考え方によれば，相続等の利益に基づき，子の否認権の承継を認めることは相当でないとも考えられるが，夫の否認権と異なり，子の死亡後はその利益を害することはなく，子の直系卑属が子の父との間で相互に扶養義務を負うこと等を望まない場合に，

父子関係を否定することを認めることも考えられる。また，認知の訴えについては，子が死亡した場合であっても，子の直系卑属又はその法定代理人による認知の訴えが認められていること（民法第７８７条）からも，子の直系卑属等に嫡出否認の訴えの提訴権を認めることが相当であるとも考えられる。

　そこで，【乙案】の「⑵」では，「第５」の【乙案】を採用し，成年等に達した子の否認権を認めることとした場合には，その行使期間が経過する前に死亡したときは，子の直系卑属又はその法定代理人に嫡出否認の訴えの提起を認めることとし，【甲案】の「⑵」と同様の規律を置くことを想定している。

3　否認権を行使する父子関係の他方当事者が死亡した場合の規律（第6・2）
⑴　夫の否認権（子が死亡した場合）

　「第6・2⑴」では，夫の否認権に関し，子が死亡した場合の規律について，現行法のとおり，嫡出否認の訴えに関する特例を定めることとはせず，夫が嫡出否認の訴えを提起する前に子が死亡したときは，解釈に委ねることとし，夫が提起した嫡出否認の訴えの係属中に子が死亡したときは，人事訴訟法第２７条第２項により，当該訴訟は当然に終了するものとすることを提案している。このように考える理由は次のとおりである。

　すなわち，人事訴訟法第２７条第２項は，子が死亡することによって父子関係は終了すること，また，子の死亡後は主として相続が問題となるが，夫の否認権が子の出生を知った時から１年以内とされ，子に直系卑属がいることは稀であることを考慮したものとされている。「第4・1」のとおり，本試案では，夫の否認権の行使期間について，夫が子の出生を知った時から【３年間】【５年間】とすることを提案していることから，現行法と比べると否認権が行使される時点での子の年齢が高くなることが予想されるものの，なお子に直系卑属がいることは多くなく，相続が問題となることも多くないため，子が死亡した場合の規律を設ける実益はなお乏しいと考えられる。そこで，現行法の規律を維持することとするものである。

⑵　子の否認権（夫が死亡した場合）

　子にとって誰が法律上の父であるかは，氏，戸籍，相続や，夫の親族との間の扶養義務等とも関わり，また，生物学上の父に対する認知請求をするために父子関係を否認することが必要な場合があることから，上記1と異なり，子の否認権（「第4・2」に基づく未成年の子の否認権及び「第5」の【乙案】を採用した場合の成年等に達した子の否認権をいう。以下，⑵において同じ。）について，夫が死亡した場合であっても，嫡出否認の訴えの提起を認める必要があると考えられる（この限りで，嫡出否認等を目的とする人事訴訟の係属中に被告が死亡した場合には，当該訴訟は当然に終了すると規定する人事訴訟法第２７条第２項の規定

を見直すことが考えられる。）。

　この点に関し，人事訴訟法は，被告となる身分関係の当事者が死亡し，被告とすべき者がいないときは，検察官を被告として訴えを提起し（同法第１２条第３項），訴訟係属中に被告が死亡したときは，検察官を被告として訴訟を追行することとしている（同法第２６条第２項）。これは，身分関係の形成・存否の確認は，当事者以外の第三者の身分関係やこれを前提とする相続関係その他の権利義務関係に影響を及ぼす点で公益に関わることから，公益の代表者である検察官が被告として訴訟を行うことが必要であると考えられたことによるものとされる。新たに子の否認権を認めた場合には，被告適格を有する夫が死亡したときは，この規律によることが考えられる。

　また，親子関係に関しては，人事訴訟法第４２条が，父の死亡後の認知の訴えについて，検察官を被告とすることとし（同条第１項），また，認知訴訟の係属中に被告である父が死亡した場合には検察官が訴訟追行をすると規定している（同条第２項）。これは，子の父子関係の有無は父子関係の当事者のみならず，公の利益にも関わる事柄であることから，父が死亡した場合であっても，公益の代表者である検察官を被告として訴訟を提起することを認めることが相当であることに基づいているが，この趣旨は子が提起する嫡出否認の訴えについても妥当する。

　そこで，「第６・２⑵」では，①夫が死亡したときは，子は検察官を被告として嫡出否認の訴えを提起することができ，②子が提起した嫡出否認の訴えの係属中に夫が死亡したときは，検察官を被告として訴訟追行するものとするとの案を提案している。

第7　嫡出推定制度の見直しに伴うその他の検討事項

1　嫡出の承認の制度の見直しに関する検討

【検討の要点】

　　否認権者や否認権の行使期間の拡大に伴い，子の身分関係の安定を図る観点から民法第776条を実効化するための方策について，引き続き検討する。

【説明】

1　現行法の規律

　　民法第776条は「夫は，子の出生後において，その嫡出であることを承認したときは，その否認権を失う。」と規定し，民法第772条の推定を受ける子について，その出生後に，夫が，推定を受ける子が真にその嫡出子であることを積極的に肯定し，あるいは消極的に否認権を行使しないことを表明したときは，否認権を失うこととしている。この承認の方法は規定されておらず，明示的にされることも要しないと解釈されているが，一般に夫がその子を自己の嫡出子としての出生届を提出したことは，同条の承認には当たらないと解釈されている。

　　同条の趣旨については，一般に，①夫は嫡出推定を受ける子との父子関係の存否についてよく知り得る立場にあり，その夫が自己の子として承認すれば，血縁上の親子関係の存在の可能性が高いこと，②自己の子としての承認が子の監護や扶養の義務を引き受け，自己の相続人として扱う意思を推測させること，③これらの点から身分関係の早期確定と子の利益の保護の観点から，夫の否認権を残存させる理由がないため，その消滅の効果が認められるとされているが，他方で，学説上，夫の一方的意思によってもたらされる虚偽の父子関係の確定を子に強いるものであるとして，子の人格の尊厳という立場から批判する見解や，鑑定技術の進歩した現状を踏まえて真実主義を担保する観点から削除すべきとの主張も見られる。

2　子の身分関係の安定を図るための方策について

　　本部会では，否認権者や否認権の行使期間を拡大する内容の見直しを行った場合，現在よりも子の身分関係が不安定になるものと考えられることから，子の身分関係の安定を図るために，民法第776条の承認制度を活用することが考えられるとの指摘があった。また，同制度に対しては，同条が適用される要件が不明確であり，実務上も利用されていないとの指摘があることから，その要件を明確にすることが考えられるとの指摘があった。

　　もっとも，民法第776条の承認が認められると，否認権者であっても嫡出否認をすることができなくなることから，どのような場合に，同条の承認を認めるべきかは，慎重な検討が必要となる。具体的には，否認権者の拡大により夫以外の者にも否認権を認める場合に，否認権者ごとに承認の成否を判断するべきかを検討する必要があるほか，否認権の行使期間の長さをどのように定めるか，特に成年等に達

した子の否認権を認めるか否かによって，民法第７７６条の承認制度の意義が異なってくることから，これらの規律の見直しの方向性が定まった段階で改めて検討することが必要となると考えられる。

そこで，本試案の「第7・1」では，引き続き民法第７７６条の承認制度を実効的なものとする方策について広く検討を行うこととした上で，考えられる見直しの在り方として，一定の期間経過等により，社会的な親子関係が形成されている場合には，嫡出の承認があったものとみなすことなどが考えられる旨を「(注)」において提案することとしている。

2　第三者の提供精子により生まれた子の父子関係に関する検討

【検討の要点】

第三者の提供精子を用いた生殖補助医療により生まれた子の父子関係に関し，今回の見直しにより否認権者の範囲を拡大することとした場合には，これにより否認権を認められることとなる者について，生殖補助医療の提供等及びこれにより出生した子の親子関係に関する民法の特例に関する法律第１０条の規律に対応した否認権の制限に関する規律を設けるなどの必要性について，引き続き検討する。

【説明】

1　生殖補助医療により生まれた子の父子関係等に関する動向

生殖補助医療により生まれた子の父子関係等に関する規律については，議員立法により，第２０３回国会（臨時会）に「生殖補助医療の提供等及びこれにより出生した子の親子関係に関する民法の特例に関する法律案」（参法第１３号。発議者秋野公造議員外４名）が提出され，令和２年１２月４日に衆議院本会議において賛成多数で可決され，法律として成立し，同月１１日に公布された（以下，本法律を「生殖補助医療法」という。）。

生殖補助医療法は，生殖補助医療の定義規定を置くとともに（第２条），生殖補助医療によって生まれた子の親子関係について，次の２条を設けている。

（他人の卵子を用いた生殖補助医療により出生した子の母）

第９条　女性が自己以外の女性の卵子（その卵子に由来する胚を含む。）を用いた生殖補助医療により子を懐胎し，出産したときは，その出産した女性をその子の母とする。

（他人の精子を用いる生殖補助医療に同意をした夫による嫡出の否認の禁止）

第１０条　妻が，夫の同意を得て，夫以外の男性の精子（その精子に由来する胚を含む。）を用いた生殖補助医療により懐胎した子については，夫は，民法第７７４条の規定にかかわらず，その子が嫡出であることを否認することができない。

このうち，生殖補助医療法第１０条の趣旨については，妻が第三者の提供精子による生殖補助医療により子を懐胎することについて同意をした夫は，出生した子を

自らの子として引き受ける意思を有していると考えられることから，父としての責任を負わせることが相当であり，現行の嫡出否認制度を前提に，夫が嫡出否認をすることができないとすることで，誰も父子関係を争うことができなくなるものとし，子の地位の安定を図ることにあるとされている。

2 本部会における検討

本試案では，「**第4**」において，夫のみを否認権者とする現行の嫡出否認制度を見直し，否認権者を子，母，再婚後の夫の子と推定される場合における前夫に否認権を認めること等を提案しているが，この見直しにより，否認権者を拡大するなどした場合に，第三者の提供精子による生殖補助医療により生まれた子の父子関係の規律については，同意が重要なメルクマールとなるとの指摘や，子の身分を守ることができるような手当をする必要があるとの指摘等があった。

上記のとおり，生殖補助医療法第10条は，第三者の提供精子による生殖補助医療により生まれた子の父子関係を確定させ，子の地位を安定させることを目的として，当該生殖補助医療について夫が同意したときは，夫が嫡出否認をすることができないことを明確にした。そのため，本部会の今後の検討においても，新たに夫以外の者に否認権を認めることとした場合には，その趣旨等を踏まえて，これらの者からの嫡出否認を制限すべきかを検討することが考えられる。

そのため，本試案の「**第7・2**」においては，今後の検討の方針のみを示すこととしている。

3 認知制度の見直しに関する検討

【検討の要点】
(1) 未成年の子の認知に関する規律の見直し
　　嫡出でない子は，その承諾がなければ，これを認知することができないとの規律を設けることについて，引き続き検討する。
(2) 事実に反する認知の効力に関する見直し
　　認知が事実に反する場合であっても，一定の取消権者が，一定の取消期間内に取り消さない限り，認知は有効とすることについて，引き続き検討する。

【説明】
1 本部会における認知制度の見直しに関する検討経緯

本部会では，嫡出推定制度に関する規律を見直すことに伴って，同じく実親子関係の成否に関する規律である，認知制度に関する規律を見直すことの要否についても審議がされた。

嫡出でない子に関する民法の規律については，平成25年の民法の一部を改正する法律（法律第94号）により嫡出でない子の相続分が見直されたことによって，相続における嫡出子と嫡出でない子の取扱いの差異が解消された。

　もっとも，本部会では，現行の制度について，認知された子と認知者との間に生物学上の父子関係がない場合には当該認知は無効であり，子その他の利害関係人は認知無効の訴えによって父子関係を争うことができることとされているが，その提訴権者が広く，提訴期間についても明文上の制限がないため，子の身分関係がいつまでたっても安定しないという問題があることが指摘された。また，法律上の父子関係と生物学上の父子関係が一致しない場合に，訴えのみによって法律上の父子関係を否定することができる点は，嫡出子と同様であるものの，嫡出子については嫡出否認の訴えの提訴権者及び提訴期間が限定され，その身分関係の安定が図られていることとの不均衡が生じており，これを是正する必要があるとの意見が複数出された。本部会では，このような観点から，事実に反する認知の効力を見直すことについて検討がされた。

　また，このほか，現行法上，父が未成年の子を認知する場合には，認知者と子との間に生物学上の父子関係がないときであっても，子やその母の承諾が必要とされていないが，このような認知の要件を見直すことと併せて，未成年の子に対する父の認知に関し，認知が生物学上の父子関係に合致することを担保することについても検討がされた。

2　未成年の子の認知に関する規律の見直し（第7・3(1)）

(1)　見直しの必要性

　現行の認知制度は，父が，胎児を認知する場合には母の承諾が必要であるとし（民法第783条第1項），また，成年の子を認知する場合や死亡した子を認知するときにその直系卑属が成年者である場合には，それらの者の承諾が必要であるとしているが（民法第782条，第783条第2項），未成年の子の認知に関して，母や子の承諾を要件とはしていない。また，認知に際して，認知しようとする者と子との間の生物学上の父子関係の存在を証明することも必要としておらず，認知後に，認知無効の訴えによって無効であることを主張することができることとしている（民法第786条）。しかし，「第7・3(2)」のとおり，嫡出でない子の身分関係の安定を図る観点から，事実に反する認知の効力に関する規律を見直し，生物学上の父子関係と一致しない認知の効力を争うことができる者及びその期間を限定することとした場合には，父子関係の成立に際して真実に反する認知がされる事態を少なくする方策を講じることが相当であると考えられる。

　また，本部会では，嫡出推定（民法第772条）や父の認知（民法第779条）によって既に父が定まっているのではない未成年の子については，母や子と全く無関係の第三者から認知を受けるおそれがあるとして，濫用的な認知を防止するために，未成年の子の認知について，子や母の承諾を要件とすべきであるとの指摘もあった。

(2)　見直しの在り方

　以上のような必要性や，母は，子の父が誰であるかを容易に知ることができる

場合が多く，また，共に子を養育する者として望ましいかについて適切に判断することができることから，その承諾を要件とすることで，子にとって不適切な者が認知によって父となることを防止することができると考えられることを踏まえ，「**第7・3(1)**」は，まず，本文において，嫡出でない未成年の子については，その承諾がなければ認知をすることができないものとすることを提案している（「**(注1)**」のとおり，成年又は15歳に達しない子の承諾については，その法定代理人によってされることとすることを想定している。）。

　他方で，認知は，事実として存在する生物学上の父子関係を法的にも承認する行為であり，生物学上の父である者が認知をしようとする場合にまで，事実上，法定代理人である母が認知を拒絶することができるとすることは相当でないとも考えられることから，「**第7・3(1)**」のただし書において，認知をしようとする者が子の父であることを証明したときは，この限りでないとの規律を設けることについて，引き続き検討することを提案している。

　これにより，未成年の子を認知する場合には，子又は，子が一定の年齢に達しない間は，その法定代理人の承諾がなければ，認知することができないこととなる。他方で，生物学上の父子関係がある者が子を認知しようとする場合には，子又はその法定代理人が承諾をしないときであっても，生物学上の父子関係があることを証明することによって，認知をすることができる。

⑶　検討課題

　ア　生物学上の父子関係が証明された場合に子の承諾を不要とする規律を設ける場合には，父子関係の証明をいかなる手続で行うかについて，検討する必要がある。

　　現行法上，認知は届出によることとされているが（民法第781条第1項），戸籍窓口では，形式的な届出の受理が行われるのみであり，生物学上の父子関係の有無について実質的な審査を行うことは困難であるため，裁判によらざるを得ないと考えられる。具体的には，新たに，認知を希望する父が，承諾権者である子又はその法定代理人に対して認知の承諾の意思表示を求める訴えを設け，裁判所は，当該訴訟において生物学上の父子関係があると認める場合には，訴えを認容する判決をすることとし，認知を希望する父は承諾請求を認容する確定判決と共に認知をすることができるものとすることや，民法第787条の認知の訴えを見直し，例えば，認知を希望する父は，子の承諾若しくは生物学上の父子関係があることを理由として訴えを提起することができるものとすることなどが考えられる。

　　もっとも，このような規律を設けることに対しては，認知を希望する父による認知の手続的負担が重くなるため，法定代理人が不当に承諾をしない場合などには，認知者が認知を行うことをためらい，かえって子にとって不利益となる場合が増加するとも考えられる。

　イ　このほか，本部会では，裁判実務において，認知無効の訴えの件数が少ない

ことが紹介され，このような事情に照らせば，濫用的な認知を防止する観点からの方策を検討する必要性はそれほど高くないのではないかとの指摘があった。

3 事実に反する認知の効力に関する見直し（第7・3(2)）

(1) 見直しの必要性

ア 民法第786条は，「子その他の利害関係人は，認知に対して反対の事実を主張することができる」と規定し，任意認知がされたときでも，子その他の利害関係人は，反対の事実，すなわち，認知者と子との間に生物学上の父子関係がないことを主張することができることとしている。この認知無効の主張は，認知無効の訴えによらなければならないこととされているが，その提訴について期間制限は設けられておらず，また，提訴権者についても「子その他の利害関係人」とされている。

また，現行法は，認知の取消しについて，民法第785条が「認知をした父又は母は，その認知を取り消すことができない」と規定している。この規定の解釈については，複数の見解が対立しているが，同条を，いったんなされた任意認知は，事後的に撤回をすることができず，詐欺・強迫を理由とする取消しをすることもできないことを規定したものと解釈する見解が通説とされている。この見解によっても，認知が生物学上の父子関係に反する場合には，認知無効の訴えによって父子関係を否定することができるとされている。

イ 上記1に記載のとおり，嫡出でない子については，認知者との間に生物学上の父子関係がない場合は，広く利害関係人からいつでも認知無効の訴えを提起され，父子関係が否定されるおそれがあり，子の地位がいつまでも安定しない結果となっており，嫡出否認の否認権者及び否認期間について厳格な制限が設けられている嫡出子との均衡を欠くとして，これらの規律を見直し，認知が事実に反する場合であっても，その効力を争うことができる者やその期間について制限を設けることが必要であるとの指摘がある。

認知された子の身分関係の安定の要請については，現行法の下でも，最高裁判決（最判平成26年1月14日民集68巻1号1頁）は，認知者は，子との間に生物学上の父子関係がないことを知りながら認知をした場合であっても，認知無効の訴えを提起することができる旨判示した上で，「利害関係人による無効の主張が認められる以上（民法第786条），認知を受けた子の保護の観点からみても，あえて認知者自身による無効の主張を一律に制限すべき理由に乏しく，具体的な事案に応じてその必要がある場合には，権利濫用の法理などによりこの主張を制限することも可能である」と説示し，子の身分関係の安定について配慮する必要があることを明示している（注1）。

ウ 認知が事実に反する場合，すなわち，認知者と子との間に生物学上の父子関係がない場合であっても，認知によって生じた父子関係を基礎に事実関係が形成されることからすると，それが事後的に否定されることによって，子が重大

な不利益を被る場合がある。そのため，その身分関係の安定を図る必要性は，嫡出推定が及ぶ子との間で差異はないとも考えられる。このように考えた場合には，嫡出否認の訴えについて，一定の提訴権者及び提訴期間の制限を維持しつつ，適切な者が適切な期間内に否認権を行使することができるよう，その制限を緩和するものとすることに伴って，認知された子の利益を保護し，嫡出子との均衡を図る観点から，事実に反する認知の効力に関する規律について見直しをする必要性があると考えられる。

（注1）　なお，同判決の寺田逸郎裁判官の補足意見は，多数意見の結論に賛成しつつも，民法第786条について，認知者自身が，認知が事実に反することを主張することはたとえ父子関係がないことを理由とする場合であっても，許されるべきではないと考えることは，嫡出子の父子関係について，妻が生んだ子との父子関係をいったん承認した後はこれを否定して嫡出否認の訴えを提起することを許さないと規定する民法第776条の規定をも参照すると，起草者の親子関係をいたずらに不安定にしないという一貫する姿勢を見出すことができると指摘している。また，大橋正春裁判官の反対意見は，認知した父に反対の事実の主張を認めないことにより，安易な，あるいは気まぐれによる認知を防止し，また認知者の意思によって認知された子の身分関係が不安定になることを防止するとの立法理由には十分な合理性があるとする。

⑵　見直しに当たって考慮すべき要素

ア　現行の認知制度については，認知により親子関係が認められることを前提に，日本国籍の取得が認められる場合がある。

具体的には，外国人女性から出生した子を日本人である父が認知した場合に関し，国籍法第3条は，父が認知した子で20歳未満の者は，認知をした父が子の出生の時に日本国民であった場合において，その父が現に日本国民であるとき，又はその死亡の時に日本国民であったときは，その子は，法務大臣に届け出ることによって，日本の国籍を取得することができると規定している。同条にいう「認知」は，少なくとも日本法が準拠法となる限りにおいて，民法上の認知を指すものと解されている。認知制度の見直しに当たっては，認知を前提として形成されている法律関係に生じる影響を十分に考慮する必要がある。特に，現行の国籍法第3条は，平成20年6月4日の最高裁判所の違憲判決（民集62巻6号1367頁）を受け，国籍法の一部を改正する法律（平成20年法律第88号）によって改正されたものであるが，その立法過程では，衆参両院の法務委員会において，国籍取得における虚偽認知に対する強い懸念が示された上，認知が真正なものであることを担保するための万全の措置を講ずることが求められている（注2）。

イ　国籍実務においては，日本人男性が，日本国籍を取得させる目的で，生物学上の父子関係がないにもかかわらず，外国人女性から出生した子を認知した場合であっても，国籍取得の届出の受理の際に，法務局が調査を行い（国籍法施

行規則第１条第５項参照），子の懐胎期間に父母の接触可能性が認められない
等，虚偽の認知であることが明らかとなった場合には，認知が無効であること
を理由に，子の国籍取得届を不受理としている。仮に，事実に反する認知の効
力に関する規律を見直し，生物学上の父子関係がない場合であっても，認知の
効力を争うことができる者を限定したり，認知後一定期間が経過した後は認知
の効力を争うことができないこととした場合には，以上のような国籍実務に対
する影響が生じ得ることから，新たに虚偽認知による国籍取得を防止する方策
を設けることが不可欠であると考えられる。

ウ　なお，虚偽認知の動機としては，子に日本国籍を取得させることのほか，子
やその母の在留資格の取得を目的とするものもあると考えられることからす
ると，認知の効力を争うことができる者及びその期間に関する見直しをする場
合には，出入国在留管理上の問題についても検討する必要がある。

（注２）国籍法改正に係る衆参両議院の各法務委員会の附帯決議において，「我が国の国
籍を取得することを目的とする虚偽の認知が行われることがあってはならないことを
踏まえ，国籍取得の届出に疑義がある場合に調査を行うに当たっては，その認知が真正
なものであることを十分に確認するため，認知した父親に対する聞取調査をできる限り
実施すること，当該父親と認知された子が一緒に写った写真の提出をできる限り求める
こと，出入国記録の調査を的確に行うこと等につき，調査の方法を通達で定めること等
により，調査のための万全な措置を講ずるよう努めること」（以上参議院の決議文。衆
議院のものも同旨）とされた。

⑶　見直しの在り方

ア　そこで，本試案の「**第７・３⑵**」では，認知が事実に反する場合の認知の効
力に関する規律を見直すことを提案している。

イ　事実に反する認知の効力

㋐　子の身分関係を安定させる観点からは，事実に反する認知であっても，
その効力を争うことができる者を限定することが相当であり，また，認知者
が子を認知した後，一定期間が経過したときは，父子関係を争うことができ
ないものとすることが望ましい。

そこで，「①」では，事実に反する認知の効力について無効としている現行
法の規律を見直し，取消しがされない限り，有効とした上で，「②」において，
事実に反する認知は，一定の取消権者が，一定の期間内に限り，取り消すこ
とができるものとすることを提案している。

そして，具体的な取消権者の範囲及びその期間については，嫡出否認の制
度における否認権者及び否認権の行使期間との均衡を考慮することが必要
であるものの，具体的な規律については，引き続き検討することとされたこ
とから，その旨を「**（注２）**」で付記することとしている。

㋑　そして，認知が事実に反する場合の認知の取消しは，認知により生じた

　　　父子関係を失わせるものであって法律上の父子関係の存否に関わり，子の身
　　　分関係を変動させる行為であることから，嫡出否認と同様に，訴えの提起に
　　　よってのみ行うことができ，その効果は裁判所の判決によって生じるものと
　　　するのが相当である。そして，現行法上，人事訴訟として認知の取消しの訴
　　　えが規定されていることから，「③」において，事実に反する認知を取り消
　　　し得ることとした場合には，その主張は人事訴訟である認知の取消しの訴え
　　　（人事訴訟法第2条第2号）によるものとしている。
　(ウ)　また，認知の取消事由に関しては，子の身分関係を安定させるという観
　　　点から，当事者の真意に基づかない認知に限り取り消し得ることとした上で，
　　　上記認知者に生物学上の父子関係やその他の事情について錯誤があった場
　　　合や，第二者による詐欺や強迫によって認知がされた場合に限り，認知の取
　　　消しを認めることも考えられることから，その旨を「**(注3)**」に付記するこ
　　　ととしている。
　ウ　事実に反することを知りつつ不正の目的でされた認知の効力に関する規律
　　　　他方で，現行の認知制度に関しては，生物学上の親子関係がない認知が無効
　　であることを前提に，虚偽の国籍取得を防止することが可能とされている。そ
　　のため，一般論として生物学上の父子関係を欠く認知も取り消されるまでは有
　　効としたとしても，一定の場合には公益を保護する観点から当該認知を無効と
　　することが必要であると考えられる。
　　　　そこで，「**第7・3(1)**」のとおり，認知の成立に関し，嫡出でない子は，子（又
　　はその法定代理人）の承諾がなければ，これを認知することができないものと
　　することを前提に，「④」において，父が，反対の事実を知りつつ子に日本の国
　　籍を取得させる目的その他の不正の目的で認知したときは，その認知は無効と
　　し，「⑤」において，子が，反対の事実を知りつつ日本の国籍を取得する目的そ
　　の他の不正の目的で認知の承諾をしたとき，又は，子の法定代理人が，反対の
　　事実を知りつつ子に日本の国籍を取得させる目的その他の不正の目的で認知
　　の承諾をしたときも，同様とすることを提案している。
　　　　ここで，不正の目的とは，血統主義に基づく国籍の取得の規律を潜脱し，日
　　本人の生物学上の子でない子に日本国籍を取得させる目的等，不実の認知をす
　　ることによって，国籍法など公共の利益に関する制度の規制を潜脱する意図を
　　持って認知をすることを想定するものである。このような規律を設けることで，
　　日本人の男性が，外国人の母から出生した子について，その子に日本国籍を取
　　得させる目的で，虚偽の認知をした場合には，「④」の規律により，当該認知を
　　無効として，法務局において，国籍取得届を不受理とすることができ，また，
　　日本人男性が，外国人の母の虚偽の説明等を受けて，子が自らの子であると誤
　　信し，認知をした場合であっても，母が，当該男性と子との間に生物学上の父
　　子関係がないことを知りつつ，その子に日本国籍を取得させる目的で，認知の
　　承諾をしたときは，「⑤」の規律により，当該認知は無効として，法務局におい
　　て，国籍取得届を不受理とすることが可能となるものと考えられる（注3）（注

４）。

（注３）反対の事実の認識及び不正の目的は，いずれも主観的要件であることから，虚偽認
　　　知による不正な国籍取得を防止するための当該要件審査の方法等については，引き続
　　　き検討を要するものと考えられる。

（注４）なお，戸籍法第２４条第４項は，裁判所その他の官庁，検察官又は吏員がその職務
　　　上戸籍の記載が法律上許されないものであることを知ったときは，その旨を当該戸籍
　　　に係る事務を管掌する市町村長に通知しなければならない旨を定め，刑事訴訟法第４
　　　９８条第２項，第４９８条の２第２項は，偽造された物，不正に作られた電磁的記録に
　　　係る記録媒体等についての公務所への通知について定め，さらに，戸籍法第２４条第１
　　　項ないし第３項は，戸籍の記載が法律上許されないものである場合等における戸籍の
　　　職権訂正について定めているところ，国籍取得届の審査の場面に限られず，認知に関す
　　　る規律の見直しに当たっては，これらの規定の解釈・運用に及ぼす影響についても検討
　　　を要するものと考えられる。

（補記）その他の検討 ─ 嫡出の用語の見直しに関する検討

【説明】

1　嫡出推定制度（民法第７７２条等）を始め，我が国の民法は，婚姻中の夫婦の間に生まれた子を意味する用語として，嫡出子の語を用いており，戸籍法その他の関連規定においても，嫡出子や嫡出でない子の語が用いられている。

　　これに対して，国際連合の児童の権利委員会，女子差別撤廃委員会からは全ての差別的規定を撤廃する旨の勧告がされており，自由権規約委員会からは，嫡出でない子に対する差別について懸念が示されており，本部会の議論においても，現行法上の「嫡出」という用語を見直し，父の子とするといった見直しをすべきではないかという指摘があった。

2　そのような見直しの在り方に関して，民法の具体的規定についてみると，第７７４条の「子が嫡出であること」，第７７６条の「その嫡出であること」といった規定や，「嫡出の推定」（第７７２条の見出し），「嫡出の否認」（第７７４条の見出し），「嫡出否認の訴え」（第７７５条の見出し，本文，第７７７条）の用語のように，嫡出の語が，単に婚姻している母の子の父子関係を意味しているものがある。このような規定については，「子が夫の子であること」としたり，「父子関係の推定」，「父子関係否認の訴え」とすることが考えられる。

　　他方で，子の氏に関する第７９０条の「嫡出である子」については，第７７２条の嫡出推定を受ける子のみならず，推定されない嫡出子も含むこととされているなど，「嫡出である子」の用語を用いないこととした場合には，その実質を規定することが必要となると考えられる。これに関連して，準正や養子縁組に関し，「嫡出子の身分を取得する」（第７８９条，第８０９条）と規定されているが，これらの規定についても，個別に規律を設ける必要がある。

3　本部会では，嫡出の用語について，嫡出子と嫡出でない子が社会的に区別して扱われてきたことからすると，差別的な意味合いを含むことは否定できないとの指摘があったものの，最判平成２５年９月２６日民集６７巻６号１３８４号において，「少なくとも現行の民法及び戸籍法上における「嫡出」という用語は『法律上の婚姻関係にない男女の間に出生した』という事実関係を意味するにとどまり，差別的な意味合いを含むものとして用いられているものではない」と摘示されている。また，氏や戸籍といった他の法制度に与える影響やそれによって生じる問題についても整理する必要があるとの指摘もあった。

　　このように，嫡出の用語の見直しについては，引き続きの検討が必要であることから，本試案では提案しないこととされた。

別冊 NBL No.174

民法（親子法制）等の改正に関する中間試案

2021年4月20日　初版第1刷発行

編　　者　　商　事　法　務

発 行 者　　石　川　雅　規

発 行 所　　㈱商　事　法　務

　　　　　　〒103-0025 東京都中央区日本橋茅場町3-9-10
　　　　　　TEL 03-5614-5651・FAX 03-3664-8844〔営業〕
　　　　　　TEL 03-5614-5647〔編集〕
　　　　　　https://www.shojihomu.co.jp/